원서발췌
러시아 신학의 여정

고전 명작을 읽는 가장 쉬운 길, '지식을만드는지식 원서발췌'

축약, 해설, 리라이팅이 아닙니다. 원전의 핵심 내용을 문장 그대로 가져옵니다. 작품의 오리지낼리티를 가감 없이 느낄 수 있습니다.

두껍고 읽기 어려워 책장을 덮어 버리곤 했던 고전을 발췌합니다. 해당 작품을 연구한 전문가가 작품의 정수를 가려 뽑아냅니다. 핵심만 읽기 때문에 더 빠르게 더 많은 고전을 읽을 수 있습니다. 제외된 부분은 중간중간 친절하게 요약 설명합니다. 풍부한 해설과 주석으로 전체 내용을 파악하는 데 무리가 없습니다. 정확한 번역, 적절한 윤문으로 10대에서 80대까지 누구나 쉽게 읽을 수 있습니다. 콤팩트한 사이즈와 분량이므로 간편하게 휴대할 수 있습니다. 수천 쪽의 고전을 발췌된 내용으로 읽고도 전체 의미를 파악할 수 있는 것이 지식을만드는지식 원서발췌의 매직입니다. 발췌율은 표지에 표시하고 발췌 방법은 일러두기에 상세히 밝힙니다.

고전 독자를 발췌 읽기에서 완역 읽기로, 더 나아가 원전 읽기로 안내합니다. 바쁜 현대인들에게 새로운 고전읽기 방법을 제시합니다.

원서발췌
러시아 신학의 여정

Пути русского богословия

게오르기 플로롭스키(Георгий Флоровский) 지음
허선화 옮김

대한민국, 서울, 지식을만드는지식, 2025

편집자 일러두기

- 이 책은 1983년 파리 YMCA 출판사에서 간행한《러시아 신학의 여정(Пути русского богословия)》 제3판을 원전으로 삼아 옮긴 것입니다.
- 전체의 약 6분의 1을 발췌 번역했습니다. 전체 9장 중 제2장은 발췌에서 제외했고 나머지 장은 원전의 분량과 균형을 이루도록 했습니다.
- 이 작품은 지식을만드는지식에서 원전을 모두 번역한 책도 출간되어 있습니다.
- 내용의 이해를 돕기 위해 옮긴이가 임의로 문단을 구분했습니다.
- 본문에서 단락을 시작할 때 붙인 아라비아숫자는 원전을 따른 것입니다. 그러나 발췌로 인해 원전의 번호와 일치하지는 않습니다.
- 주석은 모두 옮긴이가 붙인 것입니다.
- 괄호 안의 말과 바깥 말의 독음이 다를 때, 괄호가 중복될 때에는 [ ]를 사용했습니다.
- 외래어 표기는 현행 한글어문규정의 외래어표기법을 따랐습니다.
- 이 책은 2012년 7월 27일 '천줄읽기' 시리즈로 처음 출간했다가 이번에 '원서발췌' 시리즈로 옮겨 출간합니다.

차례

러시아 신학의 여정

I. 러시아 비잔틴주의의 위기

1. 러시아 사상의 역사에는 수수께끼 같고 이해되지 않는 면이 많다. 그중에서도 너무나 오랫동안 질질 끌어온 러시아의 침묵이 의미하는 바는 과연 무엇인가? 고대 러시아의 문화는 마치 벙어리와 같았다. 러시아의 정신은 문학이나 사상으로 표현되지 못했다. 이러한 말해지지 않음 또는 다 말해지지 않음은 종종 병적인 것으로 보이기도 했다. 때때로 사람들은 여기서 단순히 후진성과 원시성을 발견하곤 했다. 그들은 이것을 고대 루시[1)]와 비잔틴의 관계, 가련한 비잔틴의 숙명적인 영향으로 설명했다. 본질적으로 차다예프(Чаадаев, 1794~1856)의 견해가 바로 그것이었다. 그러나 그러한 해석은 불충분한 것이다. 10세기에 비잔틴은 결코 쇠퇴기에 있지 않았다. 반대로 비잔틴이 번영하고 부흥했던 시기들 중 하나였다. 게다가 엄밀하게 말하면, 비잔틴은 당시 전 '유럽'에서 유일하게 문화적인 국가였다. 그 후에도 오랫동안 살아 있는 문화

1) 루시(Русь) : 고대 동슬라브인들이 살던 땅 또는 그 민족. '러시아'라는 명칭은 15세기 말 러시아 문헌에서 처음 등장한다.

적 화로(火爐)였다. 또한 정치의 쇠퇴와 와해 직전에 있던 비잔틴 문화와 종교성은 새로운 융성기를 맞이해 이탈리아 문예 부흥기에 그 족적을 남겼다. 따라서 비잔틴 문화와의 접촉은 결코 고대 루시를, 차다예프가 말한 대로 "위대한 인류의 종족들"로부터 고립시킬 수 없었다. 고대 러시아 정신의 폐쇄성은 내적인 어려움의 결과 내지는 표현이다. 그것은 문화의 진정한 위기, 러시아 정신 속에서 비잔틴 문화의 위기였다. 러시아의 민족적 · 역사적 자기규정의 가장 결정적인 시기에 비잔틴의 전통은 중단되었고, 비잔틴의 유산 절반은 버려지고 절반은 잊히고 말았다. 이러한 '그리스 전통'의 거부야말로 모스크바 문화가 맞이한 위기의 발단이자 본질이다.

2. 러시아 문화의 역사는 루시의 세례로부터 시작된다. 이교적인 시대는 역사의 문턱 뒤에 남겨졌다. 이 말은 이교적인 과거가 전혀 없어졌다는 것을 의미하지 않는다. 그것은 실제로 존재했으며, 그 흔적은 희미해진 채로 또는 때때로 매우 선명하게 오랫동안 민족의 기억과 일상생활, 그리고 민족성 자체에 보존되었다. 세례는 실제로 단절을 의미했다. 그러나 이교는 죽지 않았고 그 힘을 즉시 잃지도 않았다. 마치 역사적 지하와 같은 민족적 무의식의 혼란스러운 심연에는 숨겨진 삶, 이중적이고 이중 신앙적인

삶이 계속되고 있었다. 그리하여 본질적으로 두 개의 문화, 낮과 밤의 문화가 생겨나게 되었다. 차용된 비잔틴 기독교 문화는 즉시 '전 민족적인' 것이 되지 못했고, 오랫동안 학식 있는 또는 문화적인 소수의 자산이 되었다. 이러한 낮의 기독교 문화의 역사만으로는 러시아의 정신적 운명을 전부 설명할 수 없다. 지하층에서는 '제2의 문화'가 발전하고 있었다. 이 두 번째 삶은 은밀하게 흐르고 있었고 역사적 표층을 뚫고 나오지 못했다. 그러나 항상 그 밑에서 마치 끓고 있는 광포한 용암과 같은 것이 느껴지곤 했다. '낮의' 문화는 정신과 이성의 영역이었고, '밤의' 문화는 공상과 상상의 영역이었다. 고대 러시아 발전의 병적인 성향은 무엇보다도 먼저 '밤의' 상상력이 너무나 오랫동안, 그리고 너무나 집요하게 '이성적인' 시험과 정화(淨化)로부터 숨고 도망친 데서 찾아볼 수 있다. 후에 이러한 민족적 상상력의 자유분방함은 러시아 민족정신의 주된 특성 중 하나로 여겨졌다.

3. 루시는 비잔틴으로부터 세례를 받아들였다. 이것은 곧바로 루시의 역사적 운명, 문화, 행로를 결정지었다. 세례는 러시아 정신의 각성, 즉 '시적인' 공상성에서 탈피해 정신적인 진지함으로 나아가라는 부름이었다. 그와 더불어 기독교를 통해 고대 루시는 모든 주변 문화 세계와의

창조적이고 살아 있는 상호 관계 속으로 진입했다. 모든 기독교의 헬레니즘 유산 가운데서 루시가 비잔틴으로부터 들여온 것이 오직 성경뿐이라고 말하는 것은 무책임한 과장이다. 성경뿐 아니라 다른 많은 문헌들과 저작들이 번역되었다. 성경의 번역은 항상 민족의 운명에 의미심장한 사건이다. 키릴과 메포디[2]의 번역은 '슬라브어'를 형성시켰고, 슬라브 사상과 말, 민족의 혼 자체를 내적으로 기독교화했으며 교회로 편입시켰다. '슬라브어'는 그리스정교회 언어의 강한 영향을 받아 형성되었는데, 이것은 언어뿐 아니라 사고의 형성 과정이기도 했다. 기독교의 영향은 순수하게 종교적인 주제보다 더 멀고 깊은 곳에서, 즉 사고방식 자체에서 느껴졌다. 그렇게 11세기 초 루시에서는 갑자기 충분히 이해할 수 있는 언어로 일련의 문학작품들이 유통되기 시작했던 것이다. 우리는 비잔틴의 기독교 문헌의 유입과 기독교 문화로의 편입이 루시에 어떤 결과를 가져왔는지 분명하게 판단할 수 있다. 최초의 러시아 연대기 작가들과 최초의 러시아 성자전 작가들은 바로 이 문학 속에서 자라났던 것이다. 그들을 교회 인텔리겐치아

2) 키릴(Кирилл)과 메포디(Мефодий) : 9세기경 슬라브족에게 정교회를 포교한 비잔틴 출신의 선교사들로서 키릴 문자를 발명했다.

라고 부를 수 있을 것이다. 초기에는 그들 중에 신학자는 없었다. 그러나 교회 문화에 속한 사람들이 있었다. 그들은 러시아 헬레니즘의 어린 줄기였다.

4. 타타르의 침입은 민족적인 재난이자 국가적 파국이었다. 그러나 러시아 문화의 역사에서 타타르의 멍에는 시대의 경계를 이루지는 않는다. 문화가 북쪽으로 이동한 것은 사실이다. 새로운 중심지들이 발전했고 옛 중심지들이 쇠퇴했다. 그러나 이것은 이미 이전에 형성된 것들이 성장한 것이지, 얼마 전까지도 역사학자들이 말하기 좋아했던 대로 남쪽의 키예프 문화 절반이 야만적인 북동쪽으로 이동한 것은 아니었다. 어쨌든 13세기에 러시아 문화는 쇠퇴하지 않았다. 13세기야말로 연대기의 발달은 물론 키예프 동굴 수도원의 《파테리크》[3]를 비롯한 의미심장한 사상적·문화적 성과가 있었던 시기였다. 13세기의 기념비적 문헌들에는 남쪽의 슬라브 문화와의 새로운 관계가 감지된다. 14세기에 이런 관계들은 더 강화되고 증가된다. 그것은 '팔라이올로고스(palaeologos) 르네상스'라고 불리는 비잔틴의 새로운 문화 운동의 직접적인 계승이었

3) 《파테리크(Патерик)》: 키예프 동굴 수도원 수도사들의 일생을 기록한 성자전.

다. 14세기에 러시아와 콘스탄티노플, 그리고 아토스[4]의 관계는 공고해졌다. 러시아 수도원 서고에서는 바로 이 시기의 원고들과 사본들이 많이 발견된다. 이번에는 주로 신비주의적이고 금욕주의적인 문학이 주를 이룬다. 이 시기의 사본들 중에 우리들에게 잘 알려진 금욕주의 교부들, 성 대(大)바실리우스,[5] 시리아인 이삭,[6] 고백자 막심[7] 등

---

4) 아토스(Athos) : 그리스 북부에 위치한 마케도니아 지방의 반도와 산을 포함한 지역. 그리스정교회 소속 수도원의 자치령.

5) 성 대(大)바실리우스(Василий Великий, 330~379) : 터키 중부 지역인 카파도키아의 성인으로 기독교 역사상 가장 영향력 있는 인물 중 하나로 꼽힌다. 그는 교리와 예배 의식, 교회법, 금욕주의에 지대한 족적을 남겼으며, 아리우스주의*를 신봉하는 자들을 니케아 신조로 복귀시키기 위해 지치지 않고 일했다.

* 아리우스주의 : 이집트 알렉산드리아 출신의 성직자 아리우스가 주장한 신학이다. 아리우스는 성자 예수는 창조된 존재이며, 성부에게 종속적인 개념이라는 반(反)삼위일체 성격의 주장을 했는데, 이는 아리우스주의라는 초기 기독교 분파로 발전했다. 제1차 니케아 공의회(325년)에서 아리우스주의는 이단으로 배격되었으며, 니케아 신경에 아리우스파에 대한 공식적인 파문 선언을 삽입했다. 현대 여호와의 증인의 신학적 관점과 유사하다.

6) 시리아인 이삭(Иссак Сирин) : 7세기경에 살았던 기독교 신학자이자 수도사로서 동방정교회에 의해 시성(諡聖)되었다. 그는 다섯 달 동안 네스토리우스주의*자로 살았지만, 후에 그것을 포기하고 수도사의 삶으로 돌아갔다. 그가 쓴 다수의 책은 러시아 영성에 지대한 영향을

의 저작이 포함되어 있다. 특히 주목할 것은 1371년에 아토스에서 수도사 이사야가 번역한 위 디오니시우스[8]의 번역이다.

14세기는 수도원 부흥의 시기였다. 그것은 성 세르기[9]의 시대였다. 이 시기에 우리는 러시아정교회의 예술, 무엇보다도 먼저 이콘(Icon, икона)에 나타난 새로운 비잔틴의 강한 영향을 발견한다. 바로 14세기에 노브고로드의

미쳤다.

* 네스토리우스주의 : 콘스탄티노플의 네스토리우스(?~451?) 총주교를 시조로 하는 기독교 일파다. 네스토리우스는 그리스도의 신격과 인격을 구별하는 그리스도 이성설(二性說), 마리아에게는 하나님의 어머니(테오토코스)라는 호칭을 붙일 수 없다는 주장을 해, 431년 에페소스 공의회에서 이단으로 몰려 면직되어 리비아로 추방당했다.

7) 고백자 막심(Максим Исповедник, 580~662) : 비잔틴의 신학자이자 수도사. 중세 신학과 동방 신비주의에 큰 영향을 미쳤다. 기독교에 대한 가장 큰 공헌은 단성론(그리스도가 오직 신적인 의지만을 가졌다는 믿음)을 반대한 것이다.

8) 위(僞) 디오니시우스(Псевдо Дионисий) : 6세기경 시리아에서 활동한 동방정교회 신비주의 신학자이자 철학가.

9) 성 세르기(Св. Сергий, 1314?~1392?) : 러시아의 영적 · 문화적 중심지인 삼위일체 성 세르기 대수도원을 세운 러시아의 성인. 러시아의 영성에 지대한 영향을 남겼다.

이콘이 전성기를 맞이했다. 그리스인 페오판[10]의 이름을 거론하는 것만으로도 충분할 것이다. 이런 식으로 14세기, 그리고 15세기 일부에 러시아 문화는 비잔틴의 영향을 새롭게 경험했다. 그러나 그것은 위기와 단절의 서곡이었다. 무엇보다도 먼저, 그것은 모스크바 국가의 성장, 민족의 정치적 자의식의 각성, 콘스탄티노플로부터 교회 정치의 독립 요구와 연관된 민족적 · 국가적 위기였다. 14세기에 이 주제와 관련해 모스크바와 콘스탄티노플 간에 논쟁이 오갔다. 단절의 계기는 플로렌스 공의회[11]였다. 이 공의회에서 그리스정교회의 변절은 러시아의 독립을 선언하는 기초와 계기로 작용했다. 콘스탄티노플의 타락은 종말의 징후이자 증거였다. 바로 그러한 종말에 대한 불안 속에서 유명한 '제3로마설'이 생겨났다. 그것은 종말론이었다. 필로페이 수도사[12]는 그 이론을 엄격한 종말론

10) 그리스인 페오판(феофан Грек, 1340?~1410?) : 비잔틴의 성상화가로, 러시아로 이주해 러시아 이콘의 발전에 크게 기여했다.

11) 플로렌스 공의회(1438~1445) : 가톨릭교회 밖에서는 구원이 없다는 내용을 정식화한 공의회로서 콘스탄티노플의 몰락 이전의 마지막 공의회였다.

12) 필로페이(Филофей) 수도사 : 프스코프의 성 엘레아자르 수도원의 수도사로 1510~1520년 사이에 바실리 3세(재위 1505~1533년)에게 일련의 서한을 보내 모스크바가 제3의 로마라고 주장했다.

적인 어조와 카테고리 속에 일관되게 유지한다. "두 개의 로마가 무너졌으니, 세 번째가 설 것이고 네 번째는 없으리라." 만약 모스크바가 세 번째 로마라면, 그것이 곧 마지막 로마인 것이다. 즉, 마지막 시대가 도래했고 종말이 가까워진 것이다. 그런데 만약 그리스도의 두 번째 강림을 잊어버린다면, 이것은 전혀 다른 의미를 지니게 된다. 다시 말해, 모든 정교회 국가들이 모스크바로 모여 모스크바의 차르는 마지막이자 유일한, 곧 전 세계적인 차르가 되는 것이다. 세 번째 로마의 과제는 비잔틴의 전통이 끊어지지 않도록 유지하는 데 있지 않다. 반대로, 그것의 과제는 비잔틴을 대체하거나 반복하는 것, 즉 타락하고 멸망한 이전의 로마 대신 새로운 로마를 세우는 데 있는 것이다. 이제 그리스 전통의 완전한 단절, 그리스의 과거에 대한 완전한 망각까지는 얼마 남지 않게 되었다. 전 세계적인 교회-역사의 전승을 지역적이고 민족적인 것으로 대체하고, 그럼으로써 자신만의 지역적이고 민족적인 기억의 한계에 갇힐 위험이 발생했다. 점차적으로 그리고 매우 빠르게 비잔틴의 권위가 떨어졌을 뿐 아니라, 비잔틴에 대한 관심 자체가 꺼져 버렸다. 민족적인 자기 긍정이 무엇보다도 결정적인 요인이었다.

5. '이오시프[13]주의자들(осифляне)'과 '자볼츠이'[14]

사이에 벌어진 충돌과 논쟁에 대해서는 많은 이들이 말하고 썼지만, 러시아의 고행자들 사이에서 벌어진 그 논쟁의 의미는 아직 충분히 밝혀지지 않았다. 그 논쟁은 기독교적 삶과 행위의 근본과 한계에 대한 것이었다. 두 개의 종교적인 의도, 두 개의 종교적인 이상이 충돌한 것이다. 그 논쟁에서는 두 개의 정의(正義)가 충돌한다. 이오시프의 정의는 사회봉사였다. 그는 무엇보다도 엄격한 공동생활을 선전했다. 그의 모든 세계관은 사회봉사와 교회의 소명이라는 사상으로 규정된다. 그에게 가장 독창적인 면은 그가 수도원에서 했던 생활을 어떤 사회적 부역, 독특한 종교적 · 지상적 봉사로 보았다는 점이다. 그에게는 기도조차도 사회봉사, 정의와 자비의 일에 내적으로 종속된다. 그는 위대한 자선가였고, 힘없는 자들을 동정했으며, 이러한 박애주의와 사회봉사의 충동에서 수도원 마을을 옹호했다. 이오시프의 의도와 과제 자체에 내재한 위험은 바로 사회적인 관심이 지나치게 긴장되어 있다는 것이다.

---

13) 이오시프 볼로츠키(Иосиф Волоцкий, 1439?~1515) : 볼로콜람스크 수도원(Волоколамский монастрь)의 창시자로 소유파의 지도자.

14) 자볼츠이(заволжцы) : 볼가강 너머의 사람들이라는 뜻으로 볼가강을 넘어 황야에서 수도 생활을 하던 이들을 가리킨다.

볼가강 너머에서 일어난 운동은 14세기에 그리스 전역과 남슬라브 세계에서 발생한 영적이고 명상적인 운동과 유기적인 관계에 놓여 있었다. 그것은 무엇보다도 명상적인 수도 생활의 부흥이었다. 볼가강 너머의 운동은 초기에는 침묵과 고요를 추구하는 성격을 띠었다. 그것은 세상으로부터 결정적으로 떠나는 것이었고, 모든 '세상에 대한 사랑'을 극복하는 것이었다. 따라서 암자에서 은거하는 삶의 형식이 선택되었다. '공동체 생활'은 너무 소란스럽고 조직적인 것으로 생각되었던 것이다. 무소유는 바로 이런 세상으로부터의 떠남을 의미했다. 즉, 세상에서 아무것도 가지지 않는 것이었다. 그 운동은 단순히 세상의 욕심과 '세상에 대한 사랑'을 극복하는 것뿐 아니라, 세상의 소란, 필요와 질병까지 잊어버리는 것을 의미했다. 그것은 부인(否認)이면서 동시에 부정(否定)이었다.[15] 볼가강 너머의 운동이 역사에서 활동적이지 못했던 것은 이것과 연관이 있었다. 세상에서 활동한 것은 이오시프주의자들이었다. 물론 그렇다고 해서 볼가강 너머의 은자들이 완전히 세상에서 물러났다고 생각해서는 안 된다. 둘째 세대는

---

15) 일반적으로 '부인'과 '부정'은 거의 동일한 의미로 사용되지만, 기독교에서는 다르게 쓰이고 있다. '부인'은 극복 또는 초월의 의미를 내포하고, '부정'은 단순히 있는 것을 없다고 말하는 것이다.

정치적인 투쟁, 심지어 정치적인 음모에 휘말려 들었다. 그러나 그들이 세상으로 돌아온 것은 세상에서 무엇인가를 건설하기 위해서가 아니라 논쟁하기 위해서였다. 이오시프주의자들과 벌인 소유에 대한 논쟁에서 그들은 수도생활을 상기시키고 주장하기 위해 투쟁했다. 이러한 직접적인 종교적 · 사회적 활동의 거부야말로 볼가강 너머 운동의 독특한 사회적 계산이었다. 볼가강 너머의 운동은 기독교적 인격의 형성 과정이었으며 명상을 향한 창조적 길, 신학을 위한 금욕주의적이고 신비적인 준비였다. 닐 소르스키[16]는 무엇보다도 침묵주의자였다. 그는 사상가도, 작가도, 신학자도 아니었다. 그는 침묵의 교사, 영적 삶의 지도자였다. 닐 소르스키는 고대, 그리고 그리스정교회의 금욕주의와 명상적인 전통을 계승했다. 이오시프주의자들과 볼가강 너머의 은자들의 불화는 외적인 일을 통해 세상을 정복하는 것과 새로운 인간의 변형과 형성을 통해 세상을 극복하는 것의 대비로 설명될 수 있다. 이오시프주의자들에게는 제3의 로마인 모스크바, 위대하고 새로운 기독교 왕국이, 볼가강 너머의 은자들에게는 순례하는 하늘의 도성이 있었다.

16) 닐 소르스키(Нил Сорский, 1433?~?) : 자볼츠이의 영적 지도자.

6. 대주교 마카리[17]의 시대에 모스크바에서는 '체계로서의 문화를 건설하고자' 하는 움직임이 있었다. 이때는 수집의 시대였다. 사람들은 지역적인 것, 러시아의 옛것을 수집했으며, 그리스의 모범을 다시 참조하지는 않았다. 그리스인들로부터의 단절, 관습의 유혹이야말로 16세기의 문화적 · 종교적 · 심리적 결과였다. 관습적인, '사회적인' 이상이 승리했으며, 그 결과 16세기의 평균적 모스크바인의 정신적인 삶에는 더 이상 명상이 차지할 자리가 없었다. 모스크바의 보수적인 종합 속에 비잔틴을 전승하는 데 가장 가치 있는 것들, 14세기의 명상적 신비주의자, 금욕주의자, 침묵주의자들의 유산은 포함되지 않았다. 그러나 아레오파기트의 저작들은 아토스에서 번역된 대로 마카리의 《성인대전》[18]에 포함되었다. 그의 책은 예기치 않게 널리 전파되었으며 인기를 얻었다. 이반 뇌제(Ivan IV)도 아레오파기트를 매우 좋아했다고 한다. 《성인대전》

---

17) 마카리(Макарий, 1482~1563) : 1542년에 모스크바의 수좌 대주교가 되었다. 그는 러시아에서 최초로 인쇄국을 설립했으며, 《성인 대전》과 《황제 계보》 등 기념비적인 작품들을 출판했다.

18) 《성인대전(Четьи-Минеи)》 : 러시아 안팎의 모든 성인의 성자전과 설교, 교훈서, 서한 등 정교회와 관련된 모든 자료를 총망라한 기념비적 작품.

외에 특별히 언급할 필요가 있는 것은 100개 조항 평의회[19]다. 이것은 고대 루시의 역사에서 가장 어렵고 복잡한 주제 가운데 하나다. 가장 큰 어려움은 질문과 대답 사이의 명백한 비상응성에 있다. 100개 조항 평의회는 '개혁적인' 회의로 구상되었지만, 반동적인 것으로 실현되었다. 그러나 1550년대에 열린 이 회의에는 무엇인가 새로운 것이 있었는데, 그것은 일정한 질서를 세우고 확립하고자 하는 의지였다. 특히, 이 시대를 대표하는 기념비적 작품인 《도모스트로이》[20]는 일종의 유토피아적 프로그램 또는 계획, 모범적이고 이상적인 과제였다. 이 책은 묘사적인 것이 아니라 교훈적인 것이었다. 그 안에는 일상적인 현실이 묘사되어 있지 않고, 이론적인 이상이 제시되어 있었다. 차르 표도르 치세기의 동란기 전야에 이미 종말론적인 예측에서 정부의 이데올로기로 변해 버린 '제3로마설'로부터 결정적인 교회 정치적인 결론이 도출되었다.

---

19) 100개 조항 평의회 : 일명 스토글라프(Стоглав). 1551년 이반 뇌제에 의해 소집된 공의회로서 그 회의에서 결의된 100개의 항목들은 정교회의 고유 업무들뿐 아니라 국가 · 사회와 관련해 정교회의 지위를 통제하는 데 큰 역할을 했다.

20) 《도모스트로이(Домострой)》 : 성직자 실베스트르가 집필한 것으로 기독교인이 가정 안에서 지켜야 할 규범을 자세히 규정해 놓은 책.

러시아정교회보다는 러시아 국가의 독립과 지배를 증언하는 러시아 총대주교직이 설립되었다. 그것은 무엇보다도 먼저 정치적 행동으로 민족정신의 가장 깊은 곳에서 그 반향을 얻었다. 그것은 비잔틴으로부터의 결정적인 분리였다.

III. 17세기의 모순

1. 17세기는 모스크바 국가의 동란으로 시작된다. 이 세기는 극단적인 긴장과 불안, 불화, 알력과 논쟁 속에서 지나갔다. 당시는 민중의 반란과 봉기의 시대였다. 그러나 동란은 정치적 위기일 뿐 아니라 사회적 파국이기도 했다. 그것은 또한 정신적 동요, 도덕적 변혁이었다. 동란을 거치면서 민중은 변화하고 동요하며 매우 흥분한 상태가 되었다. 그들은 새로운 방식으로 민감해지고 심지어 매우 의심하는 성향이 되었다. 그것은 확신이 없는 데서 오는 의심이었다. 이러한 민중의 정신적인 불확신과 불안정성은 사회적이고 경제적인 어려움보다 훨씬 더 위험한 것이었다. 러시아 역사에서 17세기는 '위기의' 시기였다. 균형이 깨진 세기였으며, 예기치 못한 일로 가득 찬 일관되지 않은 세기, 지금껏 한 번도 없었던 사건들이 일어난 세기였다. 극적인 세기, 격렬하고 두드러진 인물들의 세기였다.

2. 17세기 모스크바의 운명적 테마인 서적 교정은 일반적으로 생각하는 것보다 훨씬 어렵고 복잡한 문제였다. 서적 교정은 모스크바에서 시작된 서적 인쇄와 관련되어

있었다. 문제는 수세기의 역사를 거친, 여러 다른 형태의 사본들로 알려져 있는 번역서들, 의식들, 텍스트들의 '정확한' 판본에 관한 것이었다. 모스크바의 교정 담당자들은 곧바로 전승된 문서들의 모든 모순을 바로잡는 데 투입되었다. 그들은 많이, 그리고 자주 실수했고, 혼란을 겪었다. '정확한 판본'의 개념은 다의적이고 애매모호했다. '고대의 모범' 역시 명료하지 않은 개념이었다. 슬라브어 텍스트들과 그리스어 텍스트들 사이의 관계에 대한 문제도 그리 단순하지 않았다. 그것은 '원전'과 '번역'의 문제로 귀착될 수 있는 성질의 것이 아니었다. 모든 그리스어 텍스트들이 더 오래되고 '원전에 가까운 것'은 아니었다. 슬라브어 텍스트들도 마찬가지였다. 무엇보다 위험한 것은 '오래되었다'고 해서 개별 원고들과 판본들을 신뢰하는 것이었다. 모스크바의 교정 담당자들의 작업을 더 복잡하게 만든 것은 강요된 조급함이었다. 서적들은 실제 필요를 위해서, 곧바로 사용되기 위해서 '교정되었다'. 따라서 신속하게 믿을 만한 '표준 판본'을 제공해야만 했다. 그렇게 서둘렀기 때문에 교정 담당자들은 원고를 검토할 만한 시간이 부족했다. 대조를 위해 사본들을 선정하는 것 또한 그리 쉬운 작업은 아니었다. 고(古)문자에 대한 무지로 그리스 원고에는 거의 접근할 수가 없었다. 따라서 가장 쉬운 길을 택할 수밖에 없었는데, 그것은 인쇄된 서적들에 의지하는 것이었다. 그런데 여기서 새로운 일련의 문제들이 생겨났다. 교정 담당자들은 어쩔 수 없이 키예프, 리투아니아, 베네치아 등지에서 출판된 의심스러운 서적들을 사용해야만 했다. 모스크바 인쇄소에서 진행된 작업은 처음에 일정한 계획이 없었다. 수요가 있는 서적들을 교정하고 인쇄하기만 했다. 서적 교정은 후에 알렉세이 미하일로비치[21]의 즉위와 더불어 교회 개혁의 의미를 띠게 되었다. 젊은 차르 주위에 있던 열성주의자 집단[22]은 실질적인 교회의 변화, 심지어 개혁을 계획하고 있었다. 그 계획에는 두 가지 주된 강조점이 있었는데, 그것은 교회 예배의 경건함과 가르침이었다. 그 두 목적을 위해서는 정확한 서적들이 필요했다. 이렇게 해서 서적 교정은 교회 부흥 계획에 유기적으로 포함되었다. 수도에 있던 '열성주의자들'은 이러한 부흥 또는 갱신의 길이 그리스인들에게 돌아가는 것이라는 사실을 발견했다. 그들은 와해된 러시아정교회의 현실을 통합으로 이끌 수 있는 척도를 그

21) 알렉세이 미하일로비치(Алексей Михайлович, 1629~1676) : 로마노프 왕조의 두 번째 차르. 1645~1676년에 재위했다.

22) 열성주의자 집단 : 대혼돈기의 수난을 교훈 삼아 러시아 사회의 종교적 · 도덕적 정화와 개혁을 부르짖었던 이들을 가리킨다.

리스의 모범에서 찾았던 것이다. 그런데 그들은 이때 과거와 현재의 '그리스적인 것'을 구분하지 않았다. '열성주의자들'은 그리스의 모범과 비교해 고쳐야 한다고 확신했다. 그들에게는 그리스적인 것에 대한 진실한 열정이 있었다. 차르 자신도 '그리스적인 것'을 좋아했으며, 그러한 애정은 그의 타고난 질서와 절도(節度)에 대한 취향과 결합되었다. 종교적 · 정치적 관점에서 '그리스적인 것'은 정교회적인 것이었으며, 따라서 그리스정교회에 대해 책임을 지는 단일한 정교회는 차르가 담당했다. 교회 개혁의 주도권은 총대주교의 절제되면서도 집요한 반대에도 불구하고 차르에게서 비롯되었다. 1652년부터 총대주교직을 맡은 니콘(Ни́кон, 1605~1681)이 그리스 모범에 따른 의식과 관습의 개정을 시작한 것이 아니었다. '개혁'은 궁정에서 결정되고 고안되었다. 니콘은 이미 시작된 일에 이끌려 들어갔으며, 이미 계획된 일에 참여하게 되었다. 그러나 다름 아닌 그가 모든 정열을 다해 그 개혁의 계획을 실행하는 데 자신을 바쳤고, 러시아정교회를 모든 면에서 그리스화하려는 시도는 바로 그 이름과 항상 연관되었다. '니콘의' 개혁에는 두 가지 동기가 결합되어 있었다. 하나는 교회의 '교정'이고 또 다른 하나는 그리스식에 맞추는 것이었다. '개혁'은 둘째 동기가 더 중요한 방향으로 선회했다.

3. 니콘에게는 후에 표트르가 모든 사람을 독일식 또는 네덜란드식으로 갈아입히려고 했던 것처럼 모든 것을 그리스식으로 바꾸려는, 거의 병적인 열정이 있었다. 니콘은 표트르가 '유럽'의 조언자들의 말을 들었던 것같이 그리스의 대사제들과 수도사들의 말을 성급하게 신뢰했다. 그러나 당대 그리스인들을 모방하는 것은 결코 상실된 전통으로의 회귀를 의미하지 않았다. 니콘의 그리스 애호는 조국의 기초로 돌아가는 것도, 비잔틴주의의 부흥도 아니었다. '그리스식' 의식에서 그를 매혹한 것은 장엄함과 화려함, 웅장함이었다. 그러한 '축제일적인' 관점에서 그는 의식 개혁을 수행해 나갔다. 니콘은 당대에 출판된 그리스어 텍스트들을 따라 교회 의식을 '개정했다'. 그것은 비록 '그리스적인 것'이 더 오래된 고대의 것이라고 가정되었을지라도 실제로 '고대' 또는 '옛것'으로 돌아가는 것이 아니었다. 새로운 슬라브어 텍스트를 위한 근거로 사용된 것은 새로 출판된 그리스 서적이었다. 니콘에 반대하는 자들은 그가 '독일인들이 출판한 새로운 그리스 서적들'을 참조해 책들을 개정했다고 비난했다. 니콘 '개혁'의 주된 쟁점은 고대 러시아 의식을 불충분한 근거로 급격하게 부정한 데 있었다. 니콘의 개혁을 지지한 자들은 그것

을 새로운 것으로 대체했을 뿐 아니라, 그것을 거짓된 것, 이단적인 것, 거의 불경건한 것으로 선언했다. 바로 이 점이 민중의 양심에 혼란을 가져다주었고 상처를 입혔다. 1667년의 종교회의에서 모든 고대 러시아 의식은 의심스러운 것으로 치부되고 정죄(定罪)되었다. 러시아정교회의 옛 전통은 무지하고 비이성적인 미신과 이단으로 비난받았다. 그리고 그것은 그리스적인 것으로 새롭게 대체되었다. 그런데 바로 그 종교회의에서 다름 아닌 니콘이 파문당했다. 종교회의는 그 목적을 위해 소집되었던 것이다. 이 회의에서 니콘은 고대 의식을 파괴하고 '새로운 의식'을 도입했다고 비난받았다. 니콘은 답변에서 자신을 비난하는 그리스인들이 '신뢰할 수 없는 책들'로부터 새로운 것들을 도입하고 있다고 도리어 그들을 책망했다. 니콘에 대한 심판에는 너무나 많은 것들이 뒤섞여 있었다. 그것은 '성직'에 대한 심판이었다. 니콘의 심판에서 우리가 발견하는 것은 '제국'의 공격이다. 차르 알렉세이와 그의 정부가 교회의 자유와 독립을 침해하고 있다는 니콘의 비난은 옳았다. 니콘은 '성직'이 '제국'보다 더 우월하다고 주장했을 때 러시아적인 견해를 벗어나지 않았다. 이 문제에서 그를 반대한 이들은 성직에 반대해 제국을 옹호한 그리스인들뿐만이 아니었다. 러시아의 옛 전통을 열성적으로 옹호한 '구교도들' 역시 이 문제에서 니콘에 대항했다. 그들에게 '하나님의 왕국'은 교회보다는 제국 안에서 실현되는 것이었다. 그것이 분열[23]의 테마였다. 분열의 테마는 '옛 의식'이 아닌 왕국이었던 것이다.

4. 분열은 환멸로부터 탄생한다. 분열은 무엇인가를 소유했다는 느낌이 아닌 상실의 감정으로 살아간다. 분열에는 너무나 많은 공상과 의심, 그리고 불안이 있다. 분열에는 무엇인가 낭만적인 것이 있는데, 그래서 러시아의 신낭만주의자들과 데카당이 분열에 이끌렸던 것이다. 분열은 온통 기억과 예기(豫期), 현재 없는 과거와 미래 속에 산다. 분열은 러시아 최초의 무토양주의[24]의 발작이며 소보르노스티로부터의 단절이고 역사로부터의 후퇴다. '의식(儀式)'이 아닌 '적그리스도'가 러시아 분열의 테마이자 비밀이었다. 분열은 사회적 · 종말론적 유토피아라고 할

---

23) 일명 라스콜(раскол). 17세기 러시아에서 발생한 교회의 대분열을 가리킨다.

24) 무토양주의(беспочвенность) : 대지주의 또는 토양주의의 반대 개념이다. 대지주의 또는 토양주의라는 용어는 도스토옙스키의 사회 평론에서 생겨난 것으로 그는 러시아 지식인들에게 '자신의 토양으로' 돌아갈 것을 호소했다. 여기서 토양은 민족적이고 민중적인 원리를 의미한다. 따라서 무토양주의란 자신의 민족적 · 민중적 원리를 떠난 상태를 의미한다고 볼 수 있다.

수 있다. 최초로 나타난 분열의 파토스는 개별적인 의식 또는 관습의 '세부 내용들'에 대한 '맹목적인' 집착에 있지 않았다. 그것은 바로 종말에 대한 예측에 있었다. '니콘'의 교회를 강도들의 소굴로 생각한 것은 아바쿰[25]뿐만이 아니었다. 그러한 분위기는 분열 전체에 공통된 것이었다. 분열은 사회적 · 정치적 저항의 폭발이었으며, 사회적인 운동이었다. 그러나 그것은 종교적인 기분에서 비롯된 것이었다. 바로 종말론적인 현실의 지각이 분열의 격렬함과 성급함을 설명해 준다. 분열은 이곳의 도성(都城), 지상의 도성, 즉 신정(神政)적인 유토피아를 꿈꾼다. 그들은 이미 꿈을 실현했으며, '왕국'이 모스크바 국가의 형태로 나타났다고 믿기를 원했다. 동방에 네 명의 총대주교가 있지만, 모스크바에만 유일한 정교회 차르가 존재하는 것이다. 그러나 이런 기대는 이제 갑자기 깨져 버렸다. 니콘의 '변절'은 차르의 변절만큼 '구교도들'을 동요시키지는 않았다. 그들은 차르의 변절이야말로 모든 충돌에 마지막 종말론적인 절망의 색채를 부여했다고 이해했기 때문이다. 세 번째 로마는 끝나 가고 있었다. 네 번째 로마는 없

25) 아바쿰(Аваккум, 1620?~1682) : 구교도들의 지도자. 30년간 그가 받은 박해와 그의 죽음으로 구교도들에게 지대한 영향력을 행사했다. 러시아 고대문학의 걸작인 《아바쿰 생애전》의 저자다.

었다. 그것은 역사가 끝나 간다는 것을 의미했다. 정확히 말하자면, 성스러운 역사가 끝나 가는 것이다. 앞으로의 역사는 성스러운 것이기를 그치고 은혜 없는 것이 될 것이다. 세상은 텅 비고, 신은 세상을 버릴 것이다. 따라서 역사에서 물러나 광야로 나가야 한다. 성스러운 왕국은 이제 적그리스도의 왕국으로 변하고 있었다. 적그리스도에 대해서는 분열의 초기부터 공개 토론이 계속되었다. 어떤 이들은 니콘이나 차르에게서 이미 온 적그리스도를 알아보았다. 다른 이들은 좀 더 조심스러웠다. 세기말에는 영적인 적그리스도에 대한 가르침이 확립되었다. 적그리스도는 이미 와서 지배하고 있으나 보이지 않는다. 보이는 적그리스도의 도래는 앞으로도 없을 것이다. 적그리스도는 상징이지 '감각을 지닌' 인격적 존재가 아니다. 성직에 대해서는 분열 안에서도 매우 일찍 이견과 논쟁이 시작되었다. 비교적 빨리 '사제파'와 '무사제파'로 갈라졌다. 분열의 주된 흐름은 무사제파에 있었다. 적그리스도의 도래와 함께 성직은 완전히 중단되었으며, 은혜는 세상에서 물러났다. 교회는 새로운 존재의 형태, 즉 성사(聖事)도 성직도 없는 '무사제'의 상태로 접어들었다. 그것은 성직의 부정이 아니라 종말론적인 진단, 신비적인 파국을 인정하는 것이었다. 성직은 말라 버렸다. 분열은 은혜가 빈곤해진 것에 대해서는 순순히 굴복했으나 매우 집요하게 의식(儀式)을 고수했다. 은혜는 꺼져 버렸고 분열 내부에서조차 빈곤해졌으나 분열은 자신의 인간적인 노력으로 어떻게 해서든 이 사라져 가는 은혜를 보충하고자 했다. 분열은 성사보다 의식을 더 중요시했다. 따라서 그들에게는 새로운 의식보다는 은혜가 없는 상태가 더 견디기 쉬웠다. '의식'과 '법규들'은 일종의 독립적인 제일의 가치를 지니는 것으로 여겨졌기 때문이다. 분열은 온통 소외와 자기 폐쇄성의 감정으로 특징지어진다. 분열은 역사와 삶으로부터 단절을 추구한다. 분열은 관계를 단절시키고 달아나고 싶어 한다. 이 '구교도들의 신앙'은 전승의 보존과 부활과는 거리가 멀었다. 그것은 고대로 돌아가려는 움직임이 아니었다. 그것은 종말론적인 발작이자 유혹이었으며 심각한 영적 질병이며 광기였다.

IV. 페테르부르크의 대개혁

1. 표트르의 개혁 시스템에서 교회 개혁은 우연적인 에피소드가 아니었다. 오히려 그와는 정반대였다. 이 개혁은 가장 철저하고 원칙적인 것이었다. 그것은 국가의 세속화 정책의 강력하고도 단호한 시도였다. 이 시도는 성공했다. 물론, 표트르에게는 '선구자'가 있었으며, 개혁은 그가 시작하기 전에 이미 '준비되고 있었다'. 그러나 그 준비는 아직 '개혁' 자체와 동등하지 않았다. 그리고 표트르는 자신의 선구자들과는 닮은 데가 너무나 없었다. 그러한 상이함은 단지 기질적인 것만은 아니었다. 그리고 표트르가 '서구로 고개를 돌렸다'는 데 있지도 않았다. 그는 17세기 말 모스크바에서 최초의 서구주의자도, 유일한 서구주의자도 아니었다. 모스크바 루시는 이미 오래전에 서구를 향해 고개를 돌렸던 것이다. 따라서 표트르는 모스크바에서 서구에 대한 생각을 하면서 자라나고 교육받은 이들보다 한 세기나 뒤처져 있었다. 표트르의 개혁에서 새로운 점은 서구주의가 아닌 세속화에 있다. 바로 이 점에서 표트르의 개혁은 전환일 뿐 아니라 대변혁이었던 것이다. 개혁은 그렇게 고안되었고 받아들여졌으며 경험되

었다. 표트르 자신이 단절을 원했다. 그에게는 혁명가의 심리가 있었다. 그는 새로운 것을 지나치게 과장하는 성향이 있었다. 그는 모든 것이 옛 모습을 알아볼 수 없을 정도로 새로워지고 변화되기를 원했다. 그는 항상 과거와 대비해 현재를 생각하는 습관이 있었고, 다른 사람들도 그렇게 하도록 만들었다. 그는 대변혁의 심리를 창조했고 키웠다. 바로 표트르부터 러시아에서 위대하고도 참된 분열이 시작되었다. 분열은 정부와 국민 사이에서보다는(슬라브주의자들이 생각하는 것처럼), 권력과 교회 사이에서 발생했다. 러시아의 정신적인 삶에 일종의 양극화가 발생했다. 러시아의 영혼은 삶의 두 중심, 종교적인 삶과 세속적인 삶 사이의 긴장 속에서 양분되었다.

권력의 자기감정, 그리고 자기규정 역시 달라졌다. 국가 권력은 독립적인 자기 충족성을 스스로 긍정했다. 국가는 자신의 우월성과 통치권의 이름으로 교회에 복종을 요구했을 뿐 아니라 교회를 국가 속으로 흡수하고 국가의 구조와 질서의 한 부분으로 만들기를 원했다. 국가는 교회법과 교회가 지닌 권한의 독립성을 부정했다. 교회의 독립성에 대한 생각 자체를 '교황주의'라고 했다. 국가는 자신을 모든 권한과 입법, 활동과 창조의 유일하고 절대적인 원천으로서 긍정했다. 모든 것은 국가에 종속되어야 마땅하며 앞으로는 오로지 국가적인 것만이 허용될 것이다. 교회에는 어떤 독립적인 활동 영역이 남지 않게 될 것이다. 왜냐하면 국가가 모든 활동을 자신의 것으로 여기기 때문이다. 무엇보다도 교회에는 권력이 남지 않게 될 것이다. 왜냐하면 국가는 자신을 절대적인 것으로 느끼고 여기기 때문이다. 표트르가 러시아에 도입한 '경찰국가'의 의도는 바로 모든 것을 자기 국가의 권력 안으로 종속시키고자 하는 데 있었다. 문제는 그러한 의도가 제도적인 것뿐 아니라 삶의 양식, 그리고 정치 이론뿐 아니라 종교 방침까지 포함한다는 것이었다. '경찰주의'는 국가와 국민의 모든 삶, 개별 주민의 모든 삶을 '공공의 이익', 또는 '공공의 복지'를 위해 기여하도록 만들려는 의도다. 국가는 교회로부터 교회의 과제들을 취해 자신의 것으로 삼았다. 국가는 이제 국민의 종교적 · 정신적 행복을 보살피게 되었다. 만약 후에 이런 돌봄을 다시 성직자들에게 맡긴다 해도, 그것은 국가의 질서 안에서, 국가가 맡기는 범위 안에서만 이루어질 것이다. 교회는 국가적 삶의 시스템 내에서 자신의 자리를 할당받게 될 것인데, 그것도 국가에 유익하고 필요한 한도 내에서 그렇게 될 것이다. 교회는 심지어 영적인 일에서도 어떤 주도권을 가질 수 없게 되었다. 감독뿐 아니라 바로 이 주도권이야말로 국가가 무엇보다도 강하게 자신의 권리를 주장한 것이었다. 이러한 관점에서 교회성은 국가에 종속되었다. 그러한 새로운 교회-국가의 관계 시스템은 표트르의 치세에 '종교 법규'를 통해 엄숙하게 선포되었다. '종교 법규'의 의미는 매우 단순하고 지나치게 명료하다. 그것은 러시아 개혁의 프로그램이었다.

2. '종교 법규'는 페오판 프로코포비치(Феофан Прокопович, 1681~1736)와 표트르 자신의 공동 작업이었다. 페오판은 표트르의 명을 수행하는 명민한 집행자이자 그의 바람과 생각의 해석자였다. '종교 법규'의 많은 내용을 페오판이 제안했다. '종교 법규'는 본질적으로 정치적 팸플릿이었다. 그 속에는 직접적이고 긍정적인 결정 사항보다는 폭로와 비판이 더 많았다. 그것은 법규 이상의 그 무엇이었다. 새로운 삶의 강령이자 선언이었다. 새로운 삶의 강령, 즉 사물에 부여된 새로운 질서와 새로운 세계관을 인정하고 받아들이라는 요구였다. 표트르의 법률은 전반적으로 보호하기 위한 설교로 특징지어진다. 정부는 모든 것을 미리 생각하고 판단했으며, 국민의 독자적인 판단은 불필요한 것으로 치부되었다. 그것은 권력에 대한 불온한 불신일 뿐이었다. 표트르는 러시아의 교회 행정을 프로테스탄트 국가들처럼 조직하기를 원했다. 그러한 개

조는 그의 권력 또는 '군주의 의지'의 논리뿐 아니라, 자신의 종교적 감정 또는 견해에도 상응하는 것이었다. 자신의 세계관에서 볼 때 그는 전적으로 개혁된 세계의 인간이었다. 성스러운 것에 대한 그의 태도에는 무엇인가 오만하고 불순한 것이 있었다. 표트르 시대의 전반적인 분위기에는 무엇인가 악마적인 것이 있었다. 페오판은 개혁을 겪은 국가에서 설립된 그런 '기관'을 위한 '종교 법규'를 만들었다. 그런 기관은 교회가 아닌 국가에 속해야 했다. 그것은 종교적인 일에 국가의 권력과 통치를 행하는 기관이었다. 페오판은 민중이 품은, 교회의 대표자들이 '고귀하다는 생각'을 훼손하고 근절시키기를 원한다는 것을 숨기지 않았다. 그것을 위해서는 성직자들이 복종한다는 것을 보여 줄 필요가 있었다. 황제의 권력을 높이고 그것이 무제한하다는 것을 증명하는 것이 페오판이 좋아하는 주제였다. 페오판은 시대의 전형적인 독트린을 공유했고 고백했다. 그는 국가의 절대성을 신봉했다. 오로지 '권력'만이 있을 뿐이며, 어떤 특별한 종교적인 권력은 있을 수 없는 것이었다. 군주에게는 자기 영토에 대한 모든 권력, '땅에 대한 지배권'이 있다. 교회는 그 영토의 일부일 뿐이다. 외국인들은 곧 러시아에서 바로 개혁[26]이 이루어지고 있음을 알아차렸다. 표트르의 개혁은 전체적으로 성공하지 못했다. '종교 법규'는 개혁의 프로그램일 뿐이었다. 프로그램이 전부 실행되지 못했고 그럴 수도 없다는 것이 드러났다. 고안된 것보다 더 많이 실현된 것도 있었고, 적게 실현된 것도 있었다. '법규'는 강제된 것으로 남아 있었다. 그것은 교회 의식(意識)의 깊은 곳에서 호의적인 반향을 얻지 못했다. 페오판은 강압자였지 지도자는 아니었다. 러시아정교회는 이 개혁으로 동요했고 충격을 받았다. 때때로 표트르의 후계자들 시대에 교회에 대한 국가의 '보호'는 국가의 안위와 미신과의 투쟁이라는 구실 아래 노골적인 박해로 변모하곤 했다. 그러나 표트르의 개혁은 결코 교회의 동의와 의지에 의해 받아들여지지 않았다. 표트르의 개혁은 저항 없이 진행되지는 않았다. 그러나 이러한 불만은 결코 옛것에 대한 맹목적인 집착이 아니었다. 그것은 신앙에 대한 실질적인 열성이었다. 많은 이들은 표트르의 정치적 개혁을 받아들였고 진심으로 그와 함께할 준비가 되어 있었다. 그러나 그들은 그의 종교개혁을 받아들일 수는 없었다. 표트르의 개혁은 교회성의 프로테스탄트적인 변형이었다. 러시아정교회의 '바벨론 포로기'[27)]

---

26) 유럽에서 일어난 것과 같은 종교개혁을 가리킨다.

27) 바벨론 포로기 : 구약 성경에서 이스라엘 민족이 바벨론 제국에 포로로

가 시작되었다. 러시아의 성직 계급은 표트르 시대 이후부터 '겁먹은 계층'이 되어 버렸다. 부분적으로 그들은 사회적 하층으로 전락했다. 그러나 상층부에는 이중적인 침묵이 형성되었다. 가장 훌륭한 이들은 자기 자신 속으로 숨어들었다. 그들은 자기 가슴의 '내적 광야'로 물러났다. 왜냐하면 18세기에는 외적인 광야로 물러나는 것이 허용되지 않았기 때문이다. 이 겁먹은 '종교 계급'의 속박은 표트르 개혁의 가장 공고한 결과물들 중 하나였다. 그 후 러시아의 교회 의식(意識)은 오랫동안 이 이중적인 방해, 즉 행정적인 명령과 내적인 소심함 아래서 발전했다.

3. 페오판 프로코포비치는 개혁을 진심으로 소중하게 생각했던 표트르의 몇 안 되는 가장 가까운 협력자였다. 그는 교육을 많이 받았으며, 모든 종류의 '계몽'을 진심으로 사랑하고 추구했다. 페오판은 로마에서 공부했는데, 키예프로 돌아왔을 때는 '교황주의 정신'에 대한 공공연한 적대자가 되어 있었다. 키예프 아카데미의 교사로서 페오판은 시학과 수사학 강의에서 아직은 이전에 받아들였던 지도 방침을 버리지 않았다. 그러나 곧 폴란드식 수사학

끌려갔던 시기를 말하는 것으로, 여기서는 교회가 국가에 속박된 시기를 의미한다.

적 방법과 교육 기법에 대한 확고한 적대자가 되었다. 페오판 자신은 다른 방식으로 가르쳤다. 그는 무엇보다도 표트르의 개혁을 선전하기 위해 자주 강단에 섰다. 그는 로마의 학식, 그 '환영 같고 공상적인 가르침'을 거부했다. 페오판 자신은 개혁 정신, '새로운' 학식, 17세기 이론으로 충만해 있었다. '종교 법규'에서 페오판은 신학 교육의 올바른 방침을 이야기했다. 그는 다른 신앙을 가진 작가들의 최신 저작을 사용할 수는 있지만, 반드시 성서의 증언과 전승된 교부들의 책으로 그것을 검토해야 한다고 주장했다. 심지어 '다른 신앙을 가진 자들'과 직접적인 차이가 나타나지 않는 교리의 진술에서까지 그것을 요구했다. 물론 페오판이 '다른 신앙을 가진 자들'이라고 표현한 것은 '로마 가톨릭주의자들'을 말하는 것이었다. 그는 '로마의' 신학을 매우 경계했다. 페오판 자신은 '최신의', '다른 신앙의' 저작들을 풍부하게, 기꺼이 이용했다. 그러나 그것은 주로 프로테스탄트 저작들이었다. 그는 현대의 신학 문헌들, 특히 프로테스탄트 문헌들을 많이 읽었으며 자유롭게 그것들을 연구했다. 그는 독일 신학자들과 개인적인 교분을 가지기도 했다. 페오판은 17세기 프로테스탄트 스콜라주의에 속해 있었다. 그의 저작들은 충분히 독일 개혁주의 신학의 역사에 포함될 만했다. 모든 것은 서구 정신, 개혁의 공기로 충만했다. 그것은 모든 것에서, 사고의 습관, 단어의 선별에서도 느낄 수 있었다. 우리가 보는 것은 심지어 서구주의자도 아닌 그저 서구인, 외국인이다. 그는 정교회적인 삶에 대해서는 아무것도 느끼지 못했다. 그는 완전히 서구의 논쟁 속에서 살았다. 그 논쟁 속에서 그는 끝까지 프로테스탄트들과 함께했다.

엄밀히 말해, 페오판의 시스템 안에는 교회에 대한 가르침이 존재하지 않는다. 페오판은 교회의 신비한 실제를 느끼지도, 알아차리지도 못했다. 그에게 교회는 단지 어떤 기독교적 상호부조와 같은 사상의 연합체 같은 것이었다. 이런 견지에서 볼 때 그의 모든 종교적 · 정치적 프로그램과 활동이 이해된다. 페오판은 그 자체로 신빙성 있고 자기 충족적인 신앙의 제1원천으로서의 성서에 대한 논문으로 자신의 시스템을 시작한다. 페오판은 로마의 저자들에 반대해 성서의 완전성과 자기 충족성을 열성적으로 주장한다. 오직 성서만이 하나님의 말씀으로서 권위를 갖는다. 인간의 추측과 판단은 결론 또는 '논증' 이상의 의미를 갖지 못하며, 결코 '권위'의 위치로까지 올라가지 못한다. 페오판이 이해하는 신학자의 과제는 텍스트들을 비교하고 배열하는 것이다. 자신의 서구 지도자들의 뒤를 이어, 페오판은 신학의 '형식적인' 성격과 의미에 대해 말한다. 로마의 '스콜라주의'를 미워함에도 불구하고, 페오판 자신도 멜란히톤[28] 이후 대부분의 17세기 프로테스탄트 신학자들이 그러했듯이 스콜라주의 신학자로 남아 있었다. 페오판은 가장 엄격한 인간학적 염세주의에서 출발한다. 그 때문에 구원의 과정에서 모든 인간의 적극성은 일찌감치 가치를 상실해 버린다. 인간은 타락에 의해 깨어졌고 더럽혀졌으며, 죄에 속박되어 있다. 페오판은 '의롭다 함'을 완전히 법률적인 차원으로 이해한다. 의롭다 하는 것은 회개하고 그리스도를 믿은 죄인이 거저 받아들여지고 옳다고 선언되며, 그의 죄가 아니라 그리스도의 의로움이 그에게 돌아가는 은혜의 행위라는 것이다. 페오판은 믿음으로 구원이 '이루어지며' 인간의 행위는 어떤 실질적인 힘도 갖지 못한다는 점을 강조한다.

성직 계급에 대해 페오판은 노골적인 경멸을 드러냈다. 페오판은 전형적인 '계몽가'였다. 그는 의식(儀式), 기적, 금욕주의적인 공적, 교회의 위계에 대한 혐오감을 감

---

28) 필리프 멜란히톤(Philipp Schwarzert Melanchthon, 1497~1560) : 독일의 신학자이자 종교개혁자. 루터의 종교개혁 운동의 지도자급 인물로서 종교개혁 운동을 통한 복음주의의 확립을 위해 투쟁했다. 비텐베르크 대학의 교수로 있으면서 개신교 신학의 기초를 세우는 데 노력했다. 저서로는《신학 강요》,《아우크스부르크 신앙 고백》등이 있다.

추지 않았다. 엘리자베타(Елизавета) 여제의 즉위 때까지 러시아의 프로테스탄티즘은 국가 권력, 심지어 국가법의 특별한 비호를 받았다. 표트르 정부는 너무나 자주 프로테스탄티즘의 이익을 자신의 이익과 동일시했으며, 정교회는 일종의 독특한, 온건하고 의식주의(儀式主義)적인 프로테스탄티즘이고, 정교회와 프로테스탄티즘은 쉽게 일치될 수 있다는 인상을 만들려고 노력했다. 후에 예카테리나 2세는 정교회와 루터주의 사이에는 '거의 어떠한 차이점'도 없다고 주장했다. 18세기 러시아 신학의 역사적 운명은 서구의 종교개혁 이후의 로마와 프로테스탄트 스콜라주의의 옹호자들 사이의 논쟁 속에서 형성되었다. 이 논쟁에서 일시적으로 페오판이 승리했으나 곧바로 그렇게 되지는 않았다. 18세기 중반까지 새로 설립된 학교들에서는 여전히 이전의 로마 가톨릭주의적인 키예프 전통이 지속되었다. 새로운 사상들이 보편화되는 데는 시간이 소요되었다. 박학한 페오판은 승리했다. 그것은 프로테스탄트 신학의 승리였다.

4. 18세기에는 학문이라는 것이 주로 '박학'을 의미했다. 18세기 러시아 라틴어 학교들의 신학적 박학은 종교적 삶의 내부에서는 뭔가 외적이고 불필요한 것으로 받아들여졌으며, 종교적 삶의 유기적인 필요에 전혀 부응하지 않

았다. 이러한 박학은 중립적이지 않았다. 페오판에 따르면, 신학 연구는 모든 문제를 프로테스탄트적으로 제기하고 보는 것을 의미했다. 바로 이것이 지금까지도 교회에 속한 광범위한 층의 민중과 성직자들에게 신학에 대한 불신과 고집스러운 무관심이 사라지지 않고 있는 가장 큰 이유라 할 것이다. 또한 이것이야말로 신학을 동방정교회에 낯선 외국, 특히 서구의 발명이라고 생각하는 태도가 아직도 사라지지 않고 있는 이유다. 그런 태도는 러시아의 종교적인 의식(意識)이 건강해지는 것과 옛것과 새것에 대한 편견으로부터 자유로워지는 것을 비극적으로 가로막았다. 표트르 시대뿐 아니라 그 후에도 학문은 미신에 대항했는데, '미신'이라는 것은 너무 자주 신앙 자체를 의미했다. 당대는 '계몽'의 시대였던 것이다. '미신'과의 투쟁에서 표트르 자신이 페오판보다 더 확고했다. 이런 점에서 수도원과 수도 생활에 대한 표트르의 법은 시사하는 바가 매우 많다. 표트르는 수도 생활에서 오로지 기만과 나태만을 보았다. 그는 러시아에서 수도 생활은 기후 조건만 보아도 완전히 부적절하다고 생각했다. 그는 수도원들을 작업장, 버려진 아이들 또는 상이군인들을 위한 수용 시설로 만들고, 수도사들을 군 병원의 하인, 수녀들을 방적공으로 만들려고 계획했다. 특기할 만한 것은 수도사들에게 책과 관련된 작업을 금지한 것이었다. 그것은 종교 법규에 부록으로 첨가된 수도원에 대한 '규칙들' 중 하나였다. 성직자들은 이제부터는 국가 권력이 그들과 민중 사이에 놓여 있으며, 그것이 민중의 생각을 유일하게 지도할 것이고, 목자와 양떼 사이에 있었던 영적인 관계, 상호적인 신뢰를 파괴하려 한다는 것을 느껴야만 했다. 얼마 후에 표트르는 수도원을 계몽적인 활동가들의 온상, 특히 유익한 번역을 위한 장소로 개조하려는 계획을 세우기도 했다. 표트르의 정부는 종교적 · 심리적인 변화를 받아들일 것을 강요했다. 바로 이러한 강요 때문에 18세기의 종교적 의식(意識)은 그토록 자주 위축되고 침묵했던 것이다.

5. 프리메이슨[29]은 러시아 역사에서 표트르 시대의 소동 속에서 탄생하고 형성된 새로운 사회적 사건이었다. 그들은 '동방의' 길을 잃어버린 사람들이었다. 그들이 새로운 길을 서구와의 교차점에서 발견했다는 것은 아주 자연스러운 일이었다. 최초의 표트르 세대는 공리주의 원칙들 위에서 교육받았다. 새로운 문화 계층은 개혁을 받아들인 사람들로 형성되었다. 바로 이 개혁을 수용하고 인

29) 프리메이슨 : 18세기 영국에서 발생한 일종의 종교적 비밀결사 조직.

정함으로써 당시 새로운 '계급'에 속하는 것이 결정되었다. 새로운 사람들은 자신의 존재를 오직 국가적 이익과 공공복지의 카테고리에서만 이해하는 데 익숙해 있었다. '관등표'는 신앙고백과 세계관 자체를 대체했다. 이 새로운 사람들의 종교적인 필요는 억압되었다. 이미 다음 세대에서는 '러시아에서의 풍속의 파괴'에 대해 우려 어린 말들을 하기 시작했다. 18세기의 러시아 정신사는 아직 쓰이지 않았다. 우리는 단지 단편적인 에피소드들만을 알 뿐이다. 그러나 그 에피소드들 속에서 우리는 보편적인 피곤함, 아픔, 그리고 우수의 소리를 듣는다. 예카테리나 시대의 고위층 사람들에게서 이 경박하고 방탕한 시대에 냉담한 태도와 강렬한 절망을 통과해 삶의 의미와 진리를 찾기 위해 그들이 지나가야 했던 시련이 어떤 것이었는지 알게 된다. 그들 중 많은 이들에게 볼테르주의는 도덕적이고 정신적인 진짜 질병이었다. 세기의 후반기에는 정신의 각성이 시작되었다. 그것은 심각한 정신의 혼절로부터 깨어남이었다. 그것이 너무나 자주 히스테리와 비슷했던 것은 놀라운 일이 아니다. 러시아 프리메이슨의 역사적 의의는 그것이 심리적인 금욕주의이자 정신의 집중이었다는 데 있다. 러시아 프리메이슨의 영혼은 페테르부르크라는 타재(他在)[30]와 산만함으로부터 자기 자신에게로 돌아왔다. 그것은 러시아 사회의 역사에서 하나의 에피소드가 아니라 새로운 사회로 나아가는 하나의 단계였다. 1770년대 후반에 이르러 프리메이슨 운동은 당시의 문화적인 계층 전반을 휩쓸었다. 러시아 프리메이슨의 역사에는 많은 논쟁과 분리, 갈등이 있다. 최초의 러시아 프리메이슨들은 본질상 도덕적인 자기 인식을 추구하는 이성적인 도덕과 자연 종교를 고백하는 이신론자들이었다. 신비주의적인 흐름은 조금 후에 나타났다. 프리메이슨은 무엇보다도 먼저 외적으로뿐 아니라 내적으로 엄격한 규율을 가진 일종의 비밀단체였다. 이 내적인 규율 또는 금욕이야말로 프리메이슨 활동에서 가장 중요한 것이었다. 당시에 했던 말로 그것은 마음의 "거친 돌"을 깎아 내는 작업이었다. 이런 '금욕' 속에서 새로운 유형의 인간이 교육되었다. 우리는 이런 유형의 인간을 다음 시대의 '낭만주의' 세대에서 만난다. 그것은 러시아 사회의 감상주의적 교육, 감성의 각성이었다. 프리메이슨 속에서 최초로 미래의 러시아 인텔리겐치아는 자기 존재의 이중성을 인식했고, 통일성을 갈구하기 시작했다. 이런 추구, 우수, 그리고 동경은 그 후 '1830년대' 세대, 특히 슬라브주의자들에게서 반

---

30) 타재(他在) : '내가 아닌 다른 존재'를 의미하는 철학 용어.

복된다. 심리적으로 슬라브주의는 바로 예카테리나 시대의 프리메이슨으로부터 자라 나왔다. 프리메이슨의 금욕은 많은 동기(動機)에서 시작되었다. 여기에는 스토아주의 유형의 이성적인 무관심, 삶의 무상함에 대한 피곤, 때로는 '죽음에 대한 직접적인 사랑', 그리고 참된 가슴의 건전함도 있다. 프리메이슨 내에서는 복잡한 자기 관찰과 자기 억제의 방법이 통용되고 있었다. 이기주의와 산만함과의 투쟁, 감정과 사고의 집중, 정욕의 제거, '가슴의 교육', '의지의 훈련' 등이 그 내용이었다. 이러한 자기 자신과의 투쟁에서 모든 자의지(自意志)와 자기애를 피하는 것이 필수적이었다. 프리메이슨은 삶의 엄격함과 책임성, 도덕적인 활동, 도덕적인 고상함, 절제, 침착, 자기 인식, 자제, '선행', 그리고 '조용한 삶'을 설교했다. 그러나 프리메이슨은 개인의 완성뿐 아니라 사랑의 실천도 요구했다. 당시 러시아 프리메이슨의 박애주의적인 활동은 충분히 잘 알려져 있다. 신비주의적인 프리메이슨은 계몽주의 정신에 대한 내적 반작용이었다. 강조점은 직관으로 옮겨갔다. 그것은 18세기에 나타난 두 번째 극단적 흐름이었다. 이 회의주의의 세기는 또한 경건주의[31]의 세기였던

---

31) 경건주의 : 17세기 후반 독일을 중심으로 일어난 종교개혁 운동.

것이다. 페늘롱[32]은 볼테르만큼이나 그 시대에 인기 있었다. 당대는 감상주의의 시대였다. 감상주의는 프리메이슨과 유기적으로 연관되어 있었다. 감상주의는 단순히 문학적인 경향이나 운동이 아니었다. 그것은 우선 신비주의 운동이었고, 종교적 · 심리적 변화였다. 그 원천은 16세기와 17세기의 스페인, 네덜란드, 프랑스의 신비주의에서 찾아야 한다. 그것은 공상성과 감상성, 항상 생각에 잠긴 상태, 일종의 '성스러운 멜랑콜리' 속에서 영혼을 양육하는 것이었다. 지나치게 자신의 상태를 살피는 것은 매우 자주 의지의 마비로 귀결되었다. 그 세대의 사람들은 쉽게, 그리고 자주 '반성'하는 질병을 앓았다. '잉여 인간' 유형의 형성에는 무엇보다도 이 '감상주의적인 교육'이 강한 영향을 미쳤다. '성스러운 멜랑콜리'에는 항상 무엇인가 회의주의의 냄새가 풍겼다. 그 세대의 사람들은 상상, 이미지들과 반영들의 세계 속에서 사는 데 익숙했다. 이 시대에 어디서나 창조적인 환상이 깨어났다는 것은 우연한 일이 아니다. 갑자기 그리고 곧바로 러시아의 인텔리겐치아는 서구의 신비주의와 유토피아 전통에 편입되었다. 사

32) 프랑수아 페늘롱(François Fénelon, 1651~1715) : 프랑스의 가톨릭 신학자이자 시인으로 프랑스 전제정치를 공격한 《텔레마크의 모험》의 저자로 잘 알려져 있다.

람들은 정적주의적인 신비주의자들과 경건주의자들의 책을 읽는 데 익숙해졌다. 프리메이슨에는 자신만의 형이상학, 자신만의 교리가 있다. 형이상학에서 프리메이슨은 낭만주의, 낭만적 자연철학의 전조가 되었다. 교리에서 프리메이슨은 르네상스 시대부터 갱신된 플라톤의 영향을 받은 그노시스주의의 부흥이라 할 수 있다. 그 주된 개념은 타락, 어둠 속에 갇힌 '빛의 섬광' 등이었다. 프리메이슨에게는 죄보다는 불결함에 대한 날카로운 감각이 매우 특징적이었다. 그것은 회개보다는 절제를 통해 해결되었다. 모든 세계는 상처 입고 아픈 것처럼 보였다. 1780년대에 모스크바 대학은 온통 프리메이슨의 깃발 아래 놓여 있었다.

스코보로다[33]는 프리메이슨은 아니었지만, 프리메이슨 서클과 가깝게 지냈다. 어쨌거나 그는 신비주의 유형에 속해 있었다. 무엇보다 그는 16~17세기의 독일 신비주의에 공명했다. 스코보로다의 형상 속에는 순례하는 자

33) 스코보로다(Г. С. Сковорода, 1722~1794) : 우크라이나의 신비주의 철학자로 우크라이나를 30년간 편력한 것으로 전설적인 명성을 얻었다. 키예프 아카데미를 졸업했으며, 후에 페레야슬라블 신학교에서 가르쳤다. 대화 · 편지 · 시 · 노래 · 우화 등 다양한 문학 작품을 남겼다.

의 특성이 나타난다. 특히 그에게서는 금욕주의적인 파토스, 사고의 집중, 의지의 약화, 이 세상의 '헛됨'으로부터 '마음의 동굴'로의 도피가 강하게 느껴진다. 그는 세계를 플라톤적인 상징주의의 카테고리로 받아들이고 해석한다. 그에게 중요한 것은 두 세계, 즉 보이는 감각적인 세계와 보이지 않는 이상적인 세계, 시간적인 것과 영원한 것의 대비다. 그는 항상 성서를 손에 들고 다녔다. 그러나 그에게 성서는 바로 철학적인 우화, 상징, 기호의 책이자 존재의 상형문자였다. 그는 성서 속에서 '영적인' 이해, 영적인 자기 인식의 지침을 구했다. 스코보로다가 수도 생활에 대해 완전히 부정적인 태도를 보인 것은 흥미로운 일이다. 스코보로다의 순례는 어느 정도 교회, 교회 역사로부터의 물러남이자 '자연', 일종의 경건주의적 특성을 지닌 루소주의로의 회귀였다. 그에게는 자연에 대한 신뢰의 감정이 있었다.

프리메이슨의 경험은 당시 탄생한 러시아 인텔리겐치아에게 새롭고 강렬한 인상을 남겼다. 그것은 다음 세대, 세기의 경계에서 완전하게 표현되었다. 이 비(非)교회적인 금욕주의는 공상성과 상상력의 각성을 불러왔다. 그 결과 건강하지 못한 어떤 영적인 추구, 신비주의적인 호기심이 더욱 많아졌다. 세기의 후반부에는 민중 속에서 이러한 공상적이고 신비주의적인 성향이 고조되었다. 그 시대에 채찍파[34], 거세파,[35] 영혼의 전사파,[36] 우유파[37] 등 모든 주요한 러시아 종파들이 생겨나거나 발전했다. 알렉산드르 시대에 상층부와 하층부의 이 두 흐름은 많은 면에서 서로 교차한다. 그 시기에는 양자 간의 공통점이 드러난다. 그것은 때로는 공상적이고, 때로는 황홀경에 빠지기도 하는 '영혼의 고뇌'였다. 예카테리나 시대에 이미 러시아에서는 메노나이트파[38], '모라비아 형제단'[39] 같은

34) 채찍파(хлысты) : 17세기 중엽 다닐 필리포프(Данил Филиппов)가 창시한 종파. 그는 자신을 신으로, 그리스도가 자신의 제자들 중 한 명이고, 자신을 추종하는 여자들 중 한 명을 신의 어머니라고 주장했다. 1740년대에 모스크바에서 이단으로 박해를 당한 후 지하로 숨어든 이 종파는 19세기에 6만여 명의 신도들을 거느릴 정도로 성장했다. 그들은 삼위일체를 부정했으며, 육체를 영의 감옥으로 여겼고, 결혼과 출산을 정죄했다. 그들의 의식은 광란적인 춤과 황홀경 속에서 행해지는 예언으로 특징지어진다.

35) 거세파(скопы) : 이반 셀리바노프(Иван Селиванов)에 의해 창시된 종파로 거세를 설파했다.

36) 영혼의 전사파(духоборцы) : 의식보다는 도덕적인 문제에 더 관심을 기울였던 종파다.

37) 우유(牛乳)파(молокане) : 부의 공평한 분배와 만민 평등을 요구한 종파. 정교회를 거부한 구성원들이 정교회 단식일에 우유를 마셨다는 데서 명칭이 유래했다는 설이 있다.

다양한 독일 종파주의자들이 확고하게 정착했다는 점을 언급할 필요가 있다. 이러한 종파주의자들의 대다수는 종말론적인 공상성, 종종 직접적인 재림주의, 성서의 비유적·'영적' 해석 경향을 들여왔다. 종무원은 외국인들에게 공공연한 선교 활동을 허락하는 것을 불편하게 여겼다. 그것은 비공식적으로 허용되었다. 그러나 그런 활동은 큰 성공을 거두지 못했다.

예카테리나 시대의 프리메이슨과 교회의 관계는 이중적이었다. 프리메이슨 회원들은 외적인 경건을 결코 노골적으로 깨뜨리지 않았다. 그들 중 많은 이들이 교회의 모든 '의무'와 의식들을 준수했다. 그러나 그들을 매료시킨

---

38) 메노나이트파 : 메노 시몬스(Menno Simons, 1496~1561)의 이름을 딴 16세기 프로테스탄트 종파. 그는 로마 가톨릭교회 사제였지만, 종교개혁에 가담해 재세례파의 교리를 유아세례 불인정, 개인의 종교의 자유 인정 등으로 정리했다. 또한 신약성서를 문자적으로 해석해 비폭력주의를 주장했다.

39) 모라비아 형제단 : 15세기 후스의 영향을 받아 모라비아 지방에서 일어난 프로테스탄트 신앙 운동. 후스가 죽은 뒤 개혁 운동은 분열되었으나 얼마 후 프라하에 모인 그룹은 신약성서의 '산상수훈'을 바탕으로, 사도 시대(使徒時代)의 소박함을 재건하고자 교단을 설립했다. 가톨릭의 반(反)종교개혁과 30년전쟁으로 타격을 받았으나, 1727년 독일에서 친첸도르프(Zinzendorf) 백작의 도움을 받아 다시 일어섰다.

것은 정교회의 이미지들과 상징들로 풍성한 의식이었다. 프리메이슨은 정교회에서 단지 고대에 뿌리를 두고 있는 이 상징들의 전통만을 높이 평가했다. 프리메이슨 회원들은 자신의 비밀조직을 '내적인 교회'로 여겼다. 그 교회 안에는 그들만의 의식과 '비밀들'이 있었다. 매우 드물기는 했지만 프리메이슨 회합에 성직자들이 참석하기도 했다. 1786년 심문에서 대주교 플라톤 노비코프가 모범적인 기독교인이라는 사실을 발견했다. 그러나 모스크바 대주교의 기준은 그리 확고하지 않았다.

6. 세기말은 세기의 시작과 닮지 않았다. 18세기는 러시아정교회의 개혁 시도로 시작되었다. 예카테리나 시대에 계몽 정신 속에서 '종교개혁'의 계획이 제안되었다. 그러나 18세기는 수도원의 부흥, 영적 삶의 의심할 바 없는 긴장과 고양으로 마무리되었다. 텅 비었던, 또는 황폐화되었던 발람[40] 등지의 수도원 중심지들이 회복되고 활기를 띠기 시작했다. 이러한 수도원의 부흥에 대해 대주교 가브릴 페트로프(Гаврил Петров)가 매우 열성적이었다는 것은 흥미로운 사실이다. 그는 예카테리나 시대의 매우 훌륭한 대사제였다. 그 자신이 실제로 엄격한 금식과 기도를

40) 발람(Валаам) : 러시아 북부 라도가 호수에 있는 섬.

행한 금욕주의자였다. 파이시 벨리츠콥스키 장로(старец Паисий Величковский, 1722～1794)와 그의 제자들이 번역한 러시아어로 된 《도브로토류비예》[41]가 출판된 것은 그의 노력 덕분이었다. 이렇게 계몽주의 정신이 가라앉는 시점에 교회는 영(靈)의 집중으로 응답했다. 18세기를 배경으로 한 성상에서 가장 눈에 띄는 인물은 티혼 자돈스키(Тихон Задонский, 1724～1782) 대주교의 형상이다. 그의 형상에는 익숙하지 않고 예기치 않은 많은 특성들이 나타난다. 티혼 자돈스키는 정신적인 성향상 이미 새로운 시대, 표트르 시대 이후의 인간이었다. 그는 노브고로드와 트베리의 라틴어 학교에서 교육을 받았다. 교부들 외에도 그는 새로운 서구 작가들의 책을 읽기 좋아했다. 티혼의 언어에서는 새로운 시대가 매우 잘 느껴진다. 그는 라틴어를 드물지 않게 사용하는데, 그것은 오히려 말의 표현을 강화시키는 효과를 거둔다. 티혼에게는 예술적이면서 단순한 언어 표현에 위대한 재능이 있었다. 그는 항상 놀라울 정도로 투명하게 글을 쓴다. 티혼의 형상 속에서 우리에게 감동을 주는 것은 그의 평정, 명료함, 자유, 이 세상으로부

41) 《도브로토류비예(Добротолюбие)》: 4～15세기의 동방정교회 교부들의 저술을 모은 《필로칼리아》의 슬라브어 발췌 번역본.

터의 자유일 뿐 아니라 이 세상 속에서의 자유다. 그것은 이 세상의 어떤 것에도 몰입하거나 매이지 않는 순례자, 이주자의 자유로운 감정이다. 그러나 그러한 자유로움은 혹독한 시련과 공적에서 얻고 도달한 것이었다. 티혼의 투명한 영혼 속에는 때때로 격렬하게 어두운 권태와 낙심의 파도가 몰려드는 것이 보인다. 이러한 낙심에 빠지기 쉬운 성향, 우수에의 유혹, 영혼의 벌거벗음은 러시아적인 공적에 전혀 익숙한 것이 아니었다. 이 모든 것은 십자가의 요한[42]이 말한 "영혼의 어두운 밤"[43]을 상기시킨다. 그러나 이러한 시험은 흔적이나 상처를 남기지 않았다. 오히려 정화된 영혼은 원초적인 밝음을 드러냈다. 그것은 단순히 개인적인 공적이 아니었다. 티혼의 시험은 단지 그의 개인적인 상승의 계단만을 의미하지는 않았다. 수도원에서의 은거 속에서도 티혼은 목자와 교사로 머물러 있었다. 그는 세상에 예민했고 세상을 동정했다. 그는 이 세상을 위해

---

42) 십자가의 요한(Иоанн от Креста, 1542~1591) : 스페인의 신비주의자. 아벨라의 테레사와 더불어 카멜리아 수도회를 개혁한 인물이다. 영혼의 성장에 관한 그의 시와 글들은 스페인 신비주의 문학의 최고봉으로 꼽힌다. 1726년에 교황 베네딕토 13세에 의해 시성되었다.

43) 영혼의 어두운 밤 : 하나님의 침묵과 같은 영적인 시련의 때를 말한다.

글을 썼으며, 구원을 찾지 않는 죽어 가는 세상을 향해 구세주를 증언했다. 그것은 자유사상이 지배하는 세기의 광기에 대한 사도적인 응답이었다. 그것은 새로운 러시아 불신앙과의 최초의 접촉이었다. 러시아의 허무주의에 대항해 티혼을 제시하고자 했을 때 도스토옙스키는 이것을 예리하게 느꼈던 것이다. 그는 이러한 대비를 통해 신앙과 불신앙의 신비한 문제를 드러내고자 했다. 티혼은 교부들 중에서 특히 이집트의 마카리우스[44]와 즐라토우스트[45], 아우구스티누스(Августин)를 좋아했다. 티혼에게서 우리는 속죄의 '보상'과 성체성사 형식과 물질의 구별에 대한 생각을 발견한다. 더 중요한 것은 그의 경험에서 몇 가지 서구적인 특성이 발견된다는 것이다. 그는 무엇보다도 그리스도의 고난에 대한 기억과 묵상에 항상 집중했다. 그가 그리스도의 굴욕과 수난에 대해 이야기할 때는 어떤 집요

---

44) 이집트의 마카리우스(Макарий Египетский, 300?~391) : 초기 기독교의 성인, 은둔자. 안토니우스 성인의 제자가 되어 광야에서 수도생활에 정진했으며, 40세에 수도사들의 지도자가 되었다. 죽은 자를 살리는 등 많은 기적을 행한 것으로 유명하다. 360년에 후에 그의 이름을 딴 수도원이 설립되었다.

45) 즐라토우스트(Златоуст, 354?~407) : 요한 크리소스토무스라고도 불린다. 초대 교회 역사에서 가장 유명하고 사랑받는 교부 중 한 사람으로 콘스탄티노플에서 행한 설교로 잘 알려져 있다.

함이 엿보인다. 이와 더불어 그의 경험 속에는 비잔틴적인 명상의 회복이 느껴진다. 찬란한 환상, 다볼 산의 빛,[46] 변형의 파토스, 부활의 봄의 예감… 죽은 자들의 부활에 대한 생각은 항상 봄의 이미지 속에서 환기된다. 때때로 그는 자신의 암자에서 빛을 보기도 했으며, 그의 마음은 이러한 명상으로 기쁨을 얻었다. 긴장된 영혼의 집중에는 관심과 사랑이 결합되어 있었다. 이웃에 대한 사랑, 사회정의와 자비에 대해서 그는 즐라토우스트 못지않게 분명하고 강력하게 설교했다.

티혼 자돈스키와 파이시 벨리츠콥스키 장로 사이에는 공통점이 많지 않다. 정신적인 측면에서 볼 때 그들은 별로 닮지 않았지만, 한 일은 같았다. 파이시 장로는 독창적인 사상가는 아니었다. 그는 작가라고 할 수도 없었다. 번역가라고 하는 것이 가장 적당할 것이다. 그러나 러시아 사상사에서 그는 독자적인 위치를 차지하고 있다. 그가 아직 소년이었을 때 키예프 아카데미를 떠나 순례하다가 몰노바의 암사로, 그리고 후에는 아도스로 간 것은 매우 상징적인 의미가 있다. 그는 키예프에서 공부하는 것을

46) 다볼 산의 빛 : 〈마태복음〉 17장 2절에 기록된 다볼 산에서 행한 예수의 변형("그 얼굴이 해같이 빛나며 옷이 빛과 같이 희어졌더라") 사건에서 기원한 것으로 신비로운 영적 체험을 일컫는 말이다.

거부하고 중단했는데, 그 이유는 아카데미에서 가르치던 이교적인 지혜를 배우고 싶지 않았기 때문이었다. 라틴어 학교에서 떠난 그는 그리스 수도원으로 갔다. 그것은 지식의 거부가 아니었다. 조국의 신학과 사상의 살아 있는 원천으로의 회귀였다. 파이시는 무엇보다도 수도원의 설립자였다. 아토스와 몰도바에서 그는 비잔틴 수도 생활의 최상의 전통을 부활시켰다. 그는 마치 15세기로 돌아간 것 같았다. 파이시 장로가 닐 소르스키와 매우 가까웠던 것은 우연이 아니다. 그는 닐 소르스키가 했던 일을 회복하고 계승했던 것이다. 그것은 러시아 정신이 비잔틴 교부들에게로 돌아가는 움직임이었다. 아토스에서 이미 파이시는 기념비적인 금욕주의 저작들의 슬라브어 번역을 수집하고 검토하기 시작했다. 러시아어로 된 《도브로토류비예》의 출판은 러시아 수도 생활의 역사에서뿐 아니라 러시아 문화사 전체에서도 큰 사건이었다. 그것은 진보이자 자극이었다. 페오판 프로코포비치와 파이시를 비교하는 것은 흥미롭다. 페오판 프로코포비치는 새로운 것, 미래, 진보를 지향했다. 파이시 장로는 과거와 전승을 지향했다. 그러나 바로 파이시 장로야말로 예언자, 선구자였다. 원천으로 돌아가는 것은 새로운 길을 여는 것이며, 새로운 시야를 얻는 것을 의미했다.

V. 신학을 위한 투쟁

1. 우리 문화의 발전에서 알렉산드르 시대의 모든 의의는 아직까지 제대로 평가되지 못했다. 그 시대는 위대한 창조적 긴장의 시기였다. 그 시대의 모든 시적 창작에서는 어떤 특별한 생명력과 독립성이 느껴진다. 그것은 가슴의 각성이었다. 그러나 아직 사상의 각성은 아니었다. 상상력은 아직 제어되지 않았고, 지적인 훈련 속에서 단련되지도 않았다. 그 시대는 공상과 환상, 환영, 예언의 시대였다. 그 시대 전반에 특징적인 것은 이러한 이성과 가슴, 사상과 상상력의 분리였다. 러시아의 영혼은 지난 세기 초 경건주의의 시험 또는 유혹을 통과해야 했다. 이 시대에 아마도 러시아 서구주의가 정점에 달했던 것 같다. 러시아의 영혼이 유럽에 속한다고 느꼈던 이때에 비하면 예카테리나 시대는 매우 유치한 수준이었다. 알렉산드르 시대의 서구주의는 직접적인 의미에서 탈(脫)민족주의가 아니었다. 그와는 반대로, 민족주의가 고양된 것이었다. 19세기 초는 전 유럽이 군사행동의 무대로 화했으며, 무장된 병영으로 변해 버렸다 해도 과언이 아니다. 당대는 위대한 역사적 변동과 진동의 시대였으며 민족들이 새롭

게 이동한 시대였다. 주변의 모든 것이 마치 불안으로 가득 찬 것 같았다. 가장 있을 법하지 않은 예감들과 우려들이 현실로 되었다. 영혼은 기대와 두려움 사이에서 양분되었다. 감상주의적인 감수성은 종말론적인 조급함과 교차했다. 매우 많은 사람들은 이미 그들이 종말의 영역 내에서 살고 있다고 느꼈다. 그리고 일종의 종말에 대한 의심이 생겨났다. 사람들은 신이 자신들을 인도하고 있다는 것을 거의 감각적으로 느낄 정도였다. 인간의 개별적인 의지는 제거되거나 용해된 것 같았다. 섭리의 사상은 그 세대 사람들의 의식 속에서 어떤 미신적이고 마술적인 반향을 얻었다. 조국 전쟁[47]은 많은 이들에게 종말론적인 투쟁으로 경험되었다. 나폴레옹의 폐위는 짐승에 대한 승리로 해석되었다. 공상적인 정신은 이 지상에 하나님의 왕국이 임하리라는 조급한 기대와 결합되었다. 낭만주의 시대의 공상적인 유토피아주의는 부분적으로는 궁극적인 이상의 조속한 실현에 대한 믿음을 지녔던 18세기의 유산이었다. 이성의 세기든 하나님의 왕국이든 각기 다른 이름으로 모두들 다시금 황금시대를 기대했다. 그것은 신정

47) 조국 전쟁 : 1812년 러시아를 침공한 나폴레옹 군대와의 전쟁을 일컫는다.

정치적인 유토피아주의의 시대였다.

2. 새로운 세기의 두 번째 10년 동안 러시아에서는 모든 일이 성서협회와 연관해 일어났다. 성서협회는 그 전에 있었던 '영국과 외국의 성서협회(British and Foreign Society)'의 자치 분과였다. 러시아 성서협회는 영국 관리들의 공적인 지지와 동조를 얻어 설립되었다. 정관은 1812년 12월 6일에 비준되었고 최초의 공식적인 회합은 1813년 1월 11일에 열렸다. 그 자리에서 당시 종무원장이었던 골리친[48] 공작이 의장으로 선출되었다. 성서협회는 1814년 9월 페테르부르크 성서협회라는 이름을 달고 설립되었으며, 이후에는 러시아 성서협회로 개칭되었다. 처음에 성서협회의 임무는 외국인과 비정교도들 사이에 성서를 보급하기 위한 것이었다. 그러나 1814년에 이미 협회는 슬라브어 성서, 특히 신약성서를 출판하고 보급하는 일을 맡게 되었다. 동시에 그때까지는 세속의 인사들만 참여했던 협회의 위원회에 정교회와 비(非)정교회 사제

48) 골리친(A. Голицын, 1773~1844) : 러시아의 유서 깊은 귀족 가문의 후손으로서 알렉산드르의 평생 친구였다. 알렉산드르 치세기에 종교 문제와 교육 분야에 막강한 권력을 행사했으며, 러시아 성서협회의 회장을 맡기도 했다. 아락체예프(Аракчеев)와 같은 정치적 라이벌을 두기도 했으나 그의 영향력은 니콜라이 1세 때에도 지속되었다.

들이 중책을 맡게 되었다. 1816년 초에는 러시아 성서의 출판이 결정되었다. 러시아 성서협회와 영국 성서협회의 첫 임무는 공히 '성서를 더 많이 사용'하도록 하는 데 있었다. 하나님의 말씀은 각자가 그 구원의 감화력을 경험하고 '성서가 하나님을 열어 보여 주는 대로' 하나님을 직접 알 수 있도록 주어진 것이다. 따라서 항상 부분적일 수밖에 없는 인간의 해석으로 다의적인 하나님의 말씀을 가로막지 않도록 '어떤 주석이나 설명 없이' 성서를 출판한다는 확고한 원칙이 세워졌다. 이 원칙 뒤에는 '무언의' 기호와 '가슴속에 살고 있는 살아 있는 교사'[49]에 대한 이론이 있었다. '성서적인' 이데올로기에는 무엇보다도 당시 '친구들의 모임(Society of friends)', 즉 퀘이커교도들의 영향이 가장 강력했다. 초기에 러시아 성서협회 활동가들과 영국인들 사이의 교류는 매우 긴밀했고 활발했다. 특히 세례를 받지 않은 외국인들이 거주하는 지역으로 영국인들이 선교 여행을 간 것은 주목할 만한 일이었다. 협회는 매우 빠르게 큰 성공을 거두며 활동했다. 첫 10년간 43개 언어로 총 70만 4,831권의 성서가 출판되었다. 그러나 이

49) 가슴속에 살고 있는 살아 있는 교사 : '성령'을 의미하는 것으로 추측된다.

러한 성공은 정부의 지원과 심지어 주도로 이루어진 것이었다. 러시아 성서협회는 영국 성서협회와는 달리, 사회적인 기관이 아니었고 사회적인 공감과 주목을 전혀 받지 못했다. 성공은 행정적인 훈시와 명령으로 이루어진 것이었다. 성서협회는 실질적으로 특별한 '관청'으로 변했고 특별한 관료적인 위선이 생겨났다. 그러나 이런 어두운 측면들을 강조할 필요는 없다. 성서 작업의 창조적인 결과들은 부정적인 측면만큼이나 명확하고 확실한 것이었다.

성서협회가 이중적인 기관이었다는 것에는 충분한 근거가 있다. 협회의 구성원들 가운데서 특히 지도적이고 책임 있는 역할을 했던 이들 중에는 극단적인 사상 경향을 가진 인물들이 너무 많이 있었다. 규정과 의도에서 성서협회는 모든 교파를 포괄하는 것이어야 했다. 실제로 성서협회는 최소한 심리적으로 비교(秘教)적이고 열광적인 특별한 그룹, 일종의 새로운 교파 또는 종파가 되었다. 종교적인 관용과 초교파적인 성격은 너무나 자주 종파주의의 비호로 변질되었다. '거짓된' 신비주의자들의 무법에 대한 불안은 성서협회, 특히 러시아 성서를 반대하는 공공연한 '반란'의 서곡이었다. 이 '단일한 성서 단체'는 많은 이들에게 교회를 반대하는 것으로 비쳤다. 성서협회는 너무나 많이 '비밀 회합'을 연상시켰던 것이다. 성서협회에 대한 추측들과 의심들 모두가 근거 없는 것은 아니었다. 불안해할 만한 이유들과 근거들은 충분히 있었다. 어쨌든 성서협회의 영적인 분위기는 건강하지 않았던 것이다. 그러나 이 절반만 정당한 '반란'은 정직하지 못한 음모로 변질되었으며, 불안은 병적인 발작으로 나타났다. 절제와 건전한 전망은 상실되었다. 논쟁과 투쟁에 참여한 양쪽 모두 절반만 옳았고, 양쪽 모두에게 잘못이 있었다.

3. 1824년의 '반란'은 성서협회뿐 아니라 모든 '새로운 질서'에 반대해 일어난 것이었다. 모스크바의 필라레트(Филарет Московский, 1782~1867)는 이 '반란'의 의미를 옳게 규정했다. 그것은 '스콜라 시대로의 회귀'였다. 이 시기 '새로운 질서'의 옹호자는 다름 아닌 필라레트 자신이었다. 모스크바의 필라레트는 크림(Крым) 정복 때부터 '위대한 개혁'[50] 때까지 오랜 세월을 살았던 인물이다. 그는 조용하고 궁벽한 콜롬나에서 태어났다. 그는 개혁 이전의 구식 학교에서 라틴어와 라틴 서적들을 배웠다. 그러나 그가 학업을 마치고 후에 교사가 되었던 성삼위일체

50) 위대한 개혁 : 1861년의 농노 해방을 비롯한 일련의 개혁을 가리킨다.

대수도원 신학교에서는 프로테스탄트 스콜라 정신이 다소 약화되어 있었다. 필라레트는 학교 교육을 통해 고대의 언어들에 대한 뛰어난 지식과 인문학적 기초 소양을 익혔다. 나머지는 그 자신의 재능과 노력으로 성취된 것이었다. 어떤 의미에서 그가 자신을 독학자라고 부르기 좋아한 것은 충분한 근거가 있다. 경건한 공상주의의 정신이 감도는 조용한 대수도원의 은신처에서 신참 수도사가 된 필라레트는 1809년 새로 설립된 종교 학교들을 '감독'하기 위해 페테르부르크로 왔다. 페테르부르크에서 그는 그리 환대받지 못했고, 아카데미에서 곧바로 가르치지도 못했다. 그러나 이미 1812년 초에 그는 아카데미의 학장이자 수도원장, 그리고 노브고로드의 유리예프 수도원의 감독이 되었다. 그는 무엇보다도 '하나님의 말씀을 가르치는' 열성과 뛰어남, '신앙의 진리에 대한 교훈적이고 수사학적인 설교'로 인정받았다. 그에게는 보기 드문 언변이 있었다. 필라레트의 설교는 항상 복음을 담고 있었으며 수사학에만 머무는 법이 없었다. 그가 부활절 금요일에 행한, 모방할 수 없는 모범적인 설교들은(1813년과 특히 1816년) 페테르부르크 시대 초기 에 속한다. 이 시기에 필라레트의 교육 활동은 더 긴장된 것이었다. 1810년부터 1817년까지의 짧은 기간에 그는 신학적 해석을 곁들인 신학의 전 과정, 교회법 등을 가르쳐야 했다. 그는 뛰어난 영감에 가득 찬 교수였다. 필라레트는 항상 영적 삶의 통일성을 위한 유일하고도 대체할 수 없는 기초로서 신학 교육의 필요성을 강조했다. "기독교는 어리석거나 무지한 것이 아니라 하나님의 지혜다", 따라서 기독교인은 누구도 초보 수준에만 머물러서는 안 된다. 기독교는 길이기 때문이다. "어떤 지혜, 심지어 비밀 속에 감추어진 지혜일지라도 우리에게 낯설거나 우리와 상관없는 것으로 여겨서는 안 되며, 겸손하게 우리의 이성을 하나님에게 향하게 해 그분을 관조해야 한다"라고 필라레트는 자주 상기시켰다. 그런 깨달음과 이해 속에서만 기독교적 인격이 형성되며, '완전한 하나님의 사람'이 빚어진다. 필라레트는 "신학은 판단한다"라는 표현을 즐겨 사용했는데, 그 '판단'은 소수가 아닌 모든 사람에게 주어진 것이다. 필요한 것은 '이성의 작용'을 각성시키고 훈련하는 것이다. 바로 여기서 필라레트가 평생 성서나 신학 교육에서 러시아어의 사용을 위해 투쟁했던 그 열성의 수수께끼가 풀린다. 그는 신학이 모든 사람에게 접근 가능한 것이 되도록 노력했다. 바로 이 점이 그의 반대자들에게는 그토록 위험해 보였다. 그들은 모든 사람이 신학을 아는 것을 원치 않았던 것이다. 점차 신학교에서는 라틴어를 사용하지 않았고,

1840년대에는 라틴어로 신학을 가르치는 곳은 거의 남아 있지 않았다. 그러나 러시아어가 사용된다고 해서 그것이 반드시 스콜라주의의 속박에서 실질적으로 벗어났음을 의미하는 것은 아니었다. 바로 1840년대에 러시아 신학은 또 한 번 라틴 스콜라주의의 부활을 겪게 되었던 것이다. 이번에 그것은 종무원장의 감독 아래서 진행되었다.

4. 필라레트는 글을 많이 쓰지는 않았다. 그를 둘러싼 삶의 환경은 글을 쓰는 데 그리 좋지 않았다. 그는 젊은 시절에만 방해 없이 학문에 몰두할 수 있었다. 높은 성직의 직무로 부름 받은 후, 그는 더 이상 체계적인 신학 연구를 위한 자유로운 시간을 가질 수 없었다. 그는 최상의 시기에 설교자로서만 신학을 가르쳤다. 그가 했던 '신학적인 말'이야말로 가장 중요한 신학적인 유산이다. 필라레트는 신학의 체계를 세우지 않았다. 그의 설교는 단편적이다. 그러나 이 신학적인 단편들 속에는 내적인 통일성이 존재한다. 그 단편들 속에는 기도로 단련된 생생한 신학적 경험이 나타나고 있다. 근대 러시아 신학의 역사에서 신학이 다시금 삶의 과제가 되고, 영적인 공적과 행위의 확고한 단계가 된 것은 모스크바의 필라레트에 이르러서였다. 필라레트는 신학을 가르쳤을 뿐 아니라, 신학대로 살았던 인물이었다. 신학자와 교사로서 그는 무엇보다도 먼저 성

서학자였다. 설교에서 그는 무엇보다도 하나님의 말씀을 해석했다. 그는 증명하고 확증하며 거부하기 위해 성서를 인용했을 뿐 아니라, 성서 텍스트 자체에서 설교를 이끌어 냈다. 필라레트가 그 속에서 성장하고 교육을 받았던 '옛 프로테스탄트' 신학 교육의 외적인 영향은 특히 초기에 강하게 나타난다. 외적으로 필라레트는 프로코포비치의 전통과 곧바로 결별하지는 않았다. 정의(定義)와 표현 방식에서 매우 많은 것을 프로테스탄트 책에서 빌려 왔다. 그는 성서를 "유일하게 순수하고 충분한 신앙의 원천"이라고 부르곤 했다. 그는 이에 덧붙여 "쓰인 하나님의 말씀과 동등한 쓰이지 않은 하나님의 말씀을 용인하는 것은 교회를 다스리는 데뿐 아니라 교리에서도 하나님의 계명을 훼손시키는 위험을 자처하는 것이다"라고 말했다. 필라레트는 교회의 전승을 부정하지는 않더라도 그 의의를 축소시키고, 소위 성서의 '자족성'이라고 불리는 프로테스탄트 사상을 재현하고 있는 것처럼 보인다. 그가 초기에 쓴《신앙 교의에서 동방 교회와 서방 교회의 차이점에 대한 서술》과《교리 문답서》의 초판에서도 전승에 대해서 아무 말도 하지 않는다. 그러나 그는 결코 성서를 추상적으로 분리해 살펴보지 않았다. 성서는 교회에 주어졌고, 교회가 간직하고 있으며, 교회는 믿는 이들에게 독서와 지도

(指導)를 위해 성서를 준다. 성서는 쓰인 전승이며 전승의 기록이다. 그것은 단순한 인간의 기억이 아니라 거룩한 전승인 것이다. 필라레트가 성서를 신앙의 "유일하고 충분한 원천"이라고 말했을 때, 그가 염두에 둔 것은 가죽으로 장정된 책이 아닌 교회 안에 살아 있으며 살아 있는 각 영혼을 살리는 하나님의 말씀이었다. 그 말씀을 인식하고 설명하는 것은 전승된 말씀인 교회다.

필라레트의 긴장된 성서주의는 그의 교회성과 긴밀하고 깊게 연관되어 있다. 그것은 신학에서 교부들의 숙련된 스타일로의 회귀였다. 그와 더불어 필라레트는 항상 성서의 '외적 의미'를 정확하게 이해하기 위해서 최신 인문학 자료들을 사용해야 할 필요성을 강조했다. 성서는 하나님에 대한 말씀일 뿐 아니라 하나님 자신의 말씀이다. 그것은 어느 날 한 번 말해지고 기록된 말씀이 아니라 영원히 역사하는 말씀이다. 그것은 하나님의 신비이고 은혜와 능력의 확실한 나타남이다. 그것은 하나님의 보물, 침묵하지 않고 창조적인 생명을 주는 말씀이다. 교회는 하나님의 영의 특별한 돌보심으로 그 말씀이 보존되고 있는 거룩한 보물 창고다. 참되고 의심할 바 없는 거룩한 전승은 논쟁의 여지가 없는 신앙의 '원천'이다. 그러나 어떻게 '의심할 바 없는' 전승을 알아볼 수 있는가, 어떻게 신앙의 전승과 학파의 전승을 구별할 수 있는가 하는 문제가 남는다. 필라레트가 항상 고심한 것이 바로 이 문제였다. 그는 전승 자체가 아니라 전승의 인용에 대해 조심스럽게 말하곤 했다. 그는 단순한 텍스트 또는 권위 있는 증거들의 수집으로 교리적인 입장들에 대한 근거를 주장하거나 증명하는 스콜라주의적인 습관에 반대했다. 그는 성서의 증거는 성서 외의 어떤 증거와도 동등할 수 없다는 점을 강조했다. 그는 교사로서 갖는 교회의 권한을 제한하지 않았다. 그러나 학파의 권한은 제한했다. 역사적 전승은 여하한 검증을 거쳐야 하는 것이다. 필라레트에게는 살아 있는 역사에 대한 감각이 있었다. 그에게 성서는 무엇보다도 역사책이었다.

필라레트의 생각에 교회 역사는 낙원에서, 심지어 그 이전에 시작된다. "교회의 역사는 세상의 역사와 함께 시작된다. 세상의 창조는 교회의 창조에 대한 일종의 준비로 볼 수 있다. 왜냐하면 본성의 왕국이 세워진 목적은 은혜의 왕국 안에서 발견되기 때문이다." 그러나 인간의 타락으로 최초의 교회는 망가졌다. 아담의 불순종으로 망가졌던 교회는 그리스도의 탄생으로 회복된다. 이 회복된 교회는 이미 영원히 파괴될 수 없는 교회다. 은혜의 왕국이 열리고 영광의 왕국이 도래한다. 필라레트에게 교회는 무엇보다도 그리스도의 몸, 그리스도 안에서 '하나 된 생명의 연합'이다. 오순절은 그리스도 영의 단일성을 보여준다. 미래 왕국의 문턱에 이르기까지 영광의 왕국은 끊어지지 않고 그 은혜의 흐름을 이어 갈 것이다. 그때서야 시간의 주기는 닫힐 것이다. 통치자이신 주께서 왕좌에 오르실 것이며, 어린 양의 혼인 잔치가 열릴 것이다. 신학적인 고찰에서 필라레트는 항상 계시된 사실들에 의거했다. 그는 결코 추상적인 사변 속에서 '명상의 높은 지점'에 서둘러 도달하기 위해 역사로부터 이탈하지 않았다. 그는 '냉철한 철학'을 좋아하지 않았으며, 추론보다는 역사적인 비전에 따라 사고했다. 그는 역사적인 계시와 실현 속에서 하나님의 신비를 관조했다. 그에게는 모든 역사가 하나님의 영광과 사랑의 위대한 현상으로서 드러났다. 그의 신학의 항구적인 주제는 복잡하고 다양한 역사적 운명 속에서 나타난 하나님과 인간의 계약에 대한 것이었다. 필라레트의 '체계'가 어떤 영향 아래서 형성된 것이든지 내적인 성격상 그것은 거룩한 교부 타입에 속한다(특히, 니사의 그레고리우스[51]와 비교해 보라). 필라레트는 특히

51) 니사의 그레고리우스(Григорий Нисский, 335?~394?) : 초대 기독교의 위대한 카파토키아 교부들 중 한 명. 대바실리우스의 동생이자 신학자 그레고리우스의 절친한 친구였다. 팔레스타인과 아라비아 지

두 주제에 관심을 기울였다. 첫째는 십자가의 신비, 구속(救贖)의 비밀이며, 둘째는 그리스도 안에서 믿는 자들에게 열리는 은혜의 삶, 성령 안에서의 삶이다. 필라레트에게 그리스도는 무엇보다도 신비한 대제사장, 제물을 드리는 위대한 대제사장이자 제물로 드리는 하나님의 어린 양이다(〈히브리서〉를 참조하라). 복음서에서 그는 무엇보다도 먼저 골고다의 십자가를 보며, 신인이신 그리스도에게서 고난 받는 구세주를 본다. 필라레트는 십자가의 사랑에 대한 감상주의나 도덕적 해석으로부터 완전히 자유롭다. 그는 반대로 그리스도의 십자가가 하나님의 지울 수 없는 사랑에 뿌리를 내리고 있다는 점을 강조한다. 십자가의 비밀은 '피조물들이 접근할 수 없는 삼위 하나님의 성전'에서 영원 속에서 시작되었다. 따라서 성서에서는 그리스도를 세상이 지어지기 전에 이미 죽임을 당한 하나님의 어린 양으로 묘사하고 있는 것이다.

필라레트의 직계 제자는 거의 없다. 그는 학파를 창시하지 않았다. 그러나 그는 그보다 더 큰 것, 즉 영적인 운동을 시작했다. 그는 항상 자신의 신학적인 고찰에서 내

역의 이단들과 투쟁했으며, 교리, 논쟁적인 저술과 설교문들을 남겼다.

적으로 절제되어 있었고, 그런 책임감 있는 절제가 다른 이들에게 호소력을 지녔다. 바로 그런 조심성 때문에 그는 어떤 사람들에게는 지나치게 양보하는 것으로 보였고, 다른 사람들에게는 너무 트집을 잡는 것처럼 보였다. 어떤 이들은 그가 항상 '증거'를 요구했고 지나치게 조심스럽게 '의견'과 '정의(定義)'를 구분했기 때문에 그를 '신학의 자코뱅 당'이라고 비난했다. "민중은 그를 좋아하지 않았으며 프리메이슨이라고 불렀다."(게르첸) 다른 이들은 그를 음울한 반동주의자라고 생각했다. 어떤 이들은 필라레트가 라틴주의[52]를 분열이라고 하지 않을 뿐 아니라 이단이라고도 선언하지 않는 데 대해 당혹해했다. 그는 라틴주의는 단지 "교회의 정의(定義)가 아닌 의견"에 불과하다고 하면서 특히 지나친 과장을 경계했다. "교황주의를 아리우스주의와 같은 선상에 두는 것은 잔인하며 무익한 일이다." 동방정교회는 "자신의 교의를 자기 멋대로 해석해 그 해석에 신앙 교리의 중요성을 부여할 만한 인물이 없다"라고 그가 말한 것은 지나치게 조심스러운 것처럼 보인다. 또한 그는 비록 '교회 교사들의 도움과 하나님 말씀의 인도를 따르는 것'일지라도 너무나 많은 것을 믿는

52) 라틴주의 : 로마 가톨릭을 의미한다.

자들의 '개인적인 판단과 양심'에 맡기는 것처럼 보인다. 그는 쉽고 편안한 길을 좋아하지 않았다. 왜냐하면 쉬운 길이 정의로 인도하리라고 믿지 않았기 때문이다.

5. 알렉산드르와 니콜라이 시대의 신학교에 대한 전반적인 특성을 정의하기는 결코 쉽지 않다. 이 '개혁 이전의' 학교에 대해 어둡고 나쁜 말들이 너무나 많이 있어 왔다. 당시 학교에는 결함이 많았다. 그중 가장 큰 것은 거친 풍속이었다. 당시 신학교는 매우 가난했으며 물질적으로 보장이 되어 있지 않았다는 점을 언급할 필요가 있다. 심지어 교수들조차 극도의 궁핍 속에서 살아야 했다. 성적이 좋은 학생의 비율은 때로 절반으로 떨어지기까지 했다. 교내 잡지에는 '도망갔거나', '의복이 없어서' 수업에 불참하는 것에 대한 놀랄 만한 기사들이 실리곤 했다. 엄격한 규정은 너무나 자주 전혀 실행 불가능한 것으로 증명되었다. 규정은 신학생들의 기억력뿐 아니라 이해력을 증진시키는 것을 요구했다. 그러나 바로 암기가 교육의 정상적인 방법처럼 실행되고 있었다. 교수법에서는 형식주의, 수사학, 관례가 지배적이었다. 그러나 논쟁의 여지가 없는 이 모든 결점들은 결국 그 세대의 창조적 충동을 약화시키지 못했다. 이 '개혁 이전' 신학교들의 역사적 · 문화적 의의는 전체적으로 보았을 때 긍정적으로 인정해야 하

며 높이 평가해야 마땅하다. 바로 이 신학교야말로 19세기의 러시아 문화, 교육의 발전과 확장을 위한 진정한 사회적 토대가 되었던 것이다. 세속 학교는 1840년대 이전에는 생기지 않았다. 다름 아닌 '신학생들'이 그 10년 동안 다양한 분야에서 러시아 교육을 정초했다. 러시아의 과학과 학문의 역사는 신학교 그리고 성직 계급과 뗄 수 없게 연관되어 있다. 어느 전문 분야든 러시아의 교수들과 학자들의 목록을 살펴보는 것만으로도 충분할 것이다. 거기에는 두 개의 주요한 사회적인 카테고리가 있는데, 그것은 '신학생'과 '외국인'이다. 귀족과 관리 계층을 대표하는 이들은 상대적으로 드물다. 러시아의 학문적 · 문학적 심리에서 매우 오랫동안 이 과거 신학교의 명백한 반향과 흔적을 엿볼 수 있었다. 그것은 동시에 힘과 약함, 즉 창조적 호기심과 태평스러운 최대강령주의의 원천이었다. 지난 세기의 전반은 이런 의미에서 결정적인 시대였다. 이 시기에 세기의 중반, 그리고 세기말에 활동했던 세대가 자라나고 교육을 받았던 것이다. 그 세대는 '라즈노치네츠'[53] 라고 불렸는데, 여기에는 주로 신학생들이 있었다.

53) 라즈노치네츠(разночинец) : 일명 잡계급 지식인. 1850~1870년대 귀족 출신이 아닌 지식 계급의 소시민을 의미한다.

러시아 신학과 철학의 역사에서 바로 이 세기의 전반부는 결정적인 시기였다. 가장 먼저 눈에 띄는 긍정적인 것은 풍부하고 살아 있는 힘이었다. 이 시대에 러시아 신학의 가장 중요한 문제가 해결되었다. 논쟁의 여지 없이 이 시대의 결산은 성서에 대한 더 좋은, 책임 있는 지식이었다. 바로 이 시기에 러시아 성서학과 성서 신학의 확고한 기초가 확립되었던 것이다. 그것은 단순히 박학의 문제가 아니었고 소수의 일이 아니었다. 1814년의 법령은 모든 학생들에게 성서를 읽을 것을 요구했으며, 신학교의 과제는 '하나님의 말씀을 맡을 경건한 사역자들을 교육'하는 것으로 정의되었다. 성서를 읽기 위한 특별한 시간이 정해졌으며, '빠른' 독서와 '느린' 독서가 구분되었다. 신학의 기초에는 해석학, 즉 '해석적인' 신학이 놓였다. 그 외에도 학생들은 '스스로' 성서를 읽어야 했다. 이와 연관해 성서 언어, 그리스어뿐 아니라 히브리어에 대한 특별한 관심이 생겨났다. 시간이 지나면서 히브리어를 배우는 것은 의심을 받았다. 유대인들이 그것을 이단과 신조어의 무기로 사용하고 있지 않은가? 성서도 덜 읽게 되었다. 그 때문에 무엇보다도 하나님의 율법을 가르치는 일이 타격을 입었다. 아이들과 함께 복음서를 읽는 것이 위험시되었다. 그런 사실들에도 불구하고 성서의 기초는 견고하게 놓였다. 하나님의 계시에 대한 생생한 감각, 이것이야말로 지난 시대의 긍정적인 첫 결과였다. 다른 말로 하자면, 거룩한 역사에 대한 직관이랄 수도 있다. 둘째 결과도 그에 못지않게 중요했다. 당시 신학 전통에서는 철학적인 사변과 계시의 증거가 유기적으로 결합되었다. '신학'과 '철학'의 결합이었다. 이에 대해서는 앞으로 자세히 말하게 될 것이다. 셋째 결과는 프라타소프[54]의 '개혁'으로 강화되었다. 그것은 역사에 대한 감각의 각성으로, 지난 세기 러시아 발전의 가장 특징적이고 구별되는 징후들 가운데 하나였다. 그것은 부분적으로는 18세기의 역사주의, 즉 과거에 대한 고고학적 호기심, 지나간 시대의 감상주의적 경험, 폐허와 황폐의 감정이었다. 그러나 이미 1814년의 법령은 '사람들이 역사철학이라고 부르는 것'에 대해 강조할 것을 충고한다. 그것은 삶에 대한 역동적인 지각을 각성시켰다. 독일의 새로운 철학은 이것에 큰 도움이 되었다.

54) 프라타소프(Пратасов, 1799~1855) : 종무원장으로 20년간 일하면서 교회에 대한 정부의 통제를 최대로 강화했다. 프라타소프는 교회 정치에서 니콜라이 시대의 원칙 또는 체제의 충실한 전도사였다. 바로 그의 시대에 다른 것들과 나란히 특별한 '부처'로서 교회 행정의 국가적 조직화가 완료되었다. 성직자들은 이 부처에 소속되었으며 국가의 관리와 감독 기구에서 이제 종무원장의 직위는 '종무원의 명령' 아래에서 명실상부한 권력 기구가 되었다.

이와 더불어 과거에 대한 종교적 관심이 일어났다. 즉, 전승에 대한 감각이었다. 신학교는 그 모든 약점들에도 고전적이고 인문적인 교육기관으로서 러시아 문화와 학문에 중세와 르네상스의 유산을 연결시켜 주는 유일한 고리였다. 이 학교는 고대 언어들, 부분적으로 히브리어를 확실하게 가르쳤다. 이제 마지막 결과를 언급해야겠다. 우리가 살펴본 시기에 신학 서적의 출판이 빠르게 발전했다. 신학 잡지들이 생겨났으며 단행본도 적지 않게 출판되었다. 교과서들과 교훈적인 말을 모은 선집들뿐 아니라 뛰어난 석사 논문들도 출판되었다. 기억해야 할 것은 일반적으로 당시 학교, 특히 신학교에서는 글 쓰는 훈련에 특별한 관심을 기울였다는 것이다. 특히 아카데미에서는 작가적인 재능과 능력을 배양하기 위해 힘을 기울였다. 고대 언어들과 새로운 언어들로부터 번역하는 법을 가르치기도 했다. 신학교에서는 그런 식으로 러시아 사상이 인문학적 교육을 통해 전달되었다. 그것은 다음 시대에 학문적 · 신학적 저널리즘이 빠르게 발전하는 것을 가능케 했다. 1860년대까지 러시아 신학은 이미 서구와 같은 수준에 도달해 있었다. 이 모든 과정은 첫 반세기 동안 이루어졌다.

VI. 철학적 각성

1. 헤겔은 철학적 각성의 과정을 매우 풍부하게 묘사했다. 의식은 의심과 고통 속에서, 직접적인 삶의 무관심한 평탄함에서 벗어나 삶의 부산스러움 위로 고양된다. 세계는 의식에게 생각해야 할 수수께끼 또는 질문의 형태를 띠게 된다. 그러한 각성에는 항상 복잡한 역사적 운명, 오랜 역사적 경험과 시련이 선행한다. 이제 그 역사적 경험과 시련은 사고와 논의의 대상이 된다. 민족의 새로운 생존 양식 또는 단계로서 철학적 삶이 시작된다. 러시아 의식은 1820년대와 1830년대의 경계에 그러한 철학적 탄생 또는 각성, 이러한 '내적 추구'와 '외적 현실' 사이의 괴리를 경험했다. 그것은 무엇보다도 정신적인 변화였다. 새로운 세대, '1830년대의 사람들'이 등장했다. 그 세대는 온통 어떤 불안, 어떤 극단적인 흥분 속에 놓여 있었다. 그 새로운 세대는 마치 제자리에 있지 않은 것처럼 삶에서 무엇인가 불편함을 느꼈다. 거기에서 현재로부터 벗어나고자 하는 갈망이 생겨났다. 그 불안한 세대의 사람들은 불편한 현재로부터의 출구를 과거 또는 미래에서 찾았다. 어떤 이들은 뒤로 후퇴해 '문화'로부터 '자연'으로, 삶이 영웅적이

고 진실했던 것으로 여겨지는 최초의 본원적인 총체성, 원시적인 과거로 돌아갔다. 목가와 '이국적인 공상'이 그 시대 서구에서도 특징적이었다. 다른 이들은 영감에 차고 기쁨으로 충만한 미래에 대한 예감으로 치달았다. 유토피아주의가 시대의 징후였다. 그러나 중요한 것은 철학적인 파토스가 이 '뛰어난 10년'의 유토피아적인 꿈속에서 지배적인 요소가 되었다는 사실이다. 그 시대의 경험을 심리적인 분석만으로 모두 설명할 수는 없다. 그 시대의 불안을 어렵고 고통스러운 사회적 · 정치적 상황에서 비롯된 것으로 설명하는 것도 불충분하다. 변화는 더 깊은 곳에서 일어났다. 서구의 '낭만주의' 유행에 대한 모방이라고 설명하는 것은 더 불만족스럽다. 러시아의 추구와 투쟁 속에는 모방이나 제스처라고 보기에는 너무나 많은 진실한 아픔과 고통이 느껴진다. 그 시대는 매우 민감했으며 서구의 인상이 지대한 영향을 끼쳤다는 것은 사실이다. 그러나 그 인상들은 창조적인 반향을 일으켰다. 사상이 각성되었다. 일상적인 수수께끼와 문제들이 철학적인 문제로 응축되었다. 철학적인 반성이 극복할 수 없는 정열이 되었다. 이 시기에 게르셴존[55]이 잘 표현한 것처럼 러

55) 게르셴존(M. O. Гершензон, 1869~1925) : 러시아의 철학자, 문

시아 사상의 "위대한 유빙(遊氷)"이 시작되었다. 당시의 세대에서는 마치 자석에 이끌리듯이 철학에의 어떤 강렬한 끌림, 철학적 열정과 동경이 느껴진다. 그 이전 세대에는 시가 그런 문화적 · 심리적 자석이었다. 이제는 문학에서도 '산문적인' 시대가 시작되었다. 러시아의 문화, 창조적 의식은 시적인 단계에서 철학적 단계로 넘어갔다. 민족의 역사적 존재에 대한 성찰의 병적인 과정 속에서 단순히 러시아에 대한 철학이 아니라 러시아 철학이 탄생했다. 러시아의 철학적 의식이 각성되어 사람들은 새롭게 철학적으로 사고하기 시작했다. 일종의 새로운 '철학적 주체'가 탄생 또는 형성되었다. 러시아 사상은 독일 이상주의의 영향으로 각성되었다. 그러나 러시아 사상의 창조적인 형성 과정에서 이 '독일 이상주의 섭취'라는 의의를 과장해서는 안 된다. 그것은 일종의 공감의 전염과 같은 것이었다고 말하는 것이 적절할 것이다. "19세기의 셸링은 15세기의 크리스토퍼 콜럼버스와 같은 인물이었다. 그는 인간에게 그동안 알려지지 않았던 세계의 일부분, 그것의 영혼을 열어 주었다."(오도옙스키,[56] 《러시아의 밤》)

학 연구가, 사회 평론가. 1909년 《베히》 선집의 출판을 주도했다. 《베히》에 대해서는 166쪽 주 110번을 참고할 것.

2. 철학적인 운동은 1820년대 모스크바에서 시작되어 모스크바 대학을 중심으로 퍼져 나갔다. 여기서 철학적 이상주의의 교의는 사회적 사건의 의의를 띠게 되었다. 여기서 새롭게 탄생한 민감한 세대가 그것을 받아들였기 때문이다. 철학적 각성은 교수들의 강단에서부터 퍼져 나갔다. 그러나 철학 사상은 학교의 방식대로 받아들여지지 않았다. 그것은 당시 모스크바 대학의 젊은이들이 모여 형성한 독특한 '서클'이 받아들였고 그곳에서 자라났다. 서클은 같은 생각을 가진 사람들의 모임이 아니었다. 그곳에서는 열정적인 논쟁이 벌어졌다. 견해의 유사성, 주제의 동일성이 아니라 어떤 측정할 수 없는 '선별된 동질성'이 그들을 결합시켰다. 그런데도 다양한 서클의 회원들은 서로 어떤 단일한 고상한 형제애를 느꼈다. 이런 서클들 중 가장 먼저 생겨난 것은 1823년에 설립된 '류보무드리예 협회(Общество любомудрия, 지혜를 사랑하는 사람들의 모임)'였다. 베네비티노프,[57] 오도옙스키 공작,

---

56) 오도옙스키(В. Одоевский, 1803~1869) : 1823년의 류보무드리예 협회의 창시자들 가운데 한 명. 모스크바 대학을 졸업하고 《모스크바 통보》와 《현대인》을 편집했으며, 페테르부르크로 온 뒤에는 주로 단편들과 소설들을 발표했다. 후에 원로원 의원이 된 그는 고전 러시아 음악학의 아버지로도 알려져 있다.

키레옙스키(Иван Киреевский, 1806~1856), 코셸레프[58] 등이 거기에 가담했다. 그것은 낭만주의적이고 정열적인 우정으로 뭉친 내부적이고 폐쇄적인 서클이자 '비밀협회'였다. 젊은 류보무드리들이 관심을 가졌던 것은 무엇보다도 예술철학의 문제들이었다. 그들은 예술가에게서 진정한 삶의 창조자와 예언가를 보았으며, 예술을 통해 현실의 변형과 갱신을 기대했다. 그들이 특히 주목한 것은 두 가지 비밀, 즉 삶과 예술의 비밀이었는데, 둘째 것, 즉 존재의 비밀스러운 다양성과 거기에 숨겨진 상징주의가 더 중요했다. 류보무드리예는 그들에게 새로운 종교가 되었고 철학은 종교적인 파토스를 띠게 되었으며, 종교를 대체했다. 바로 여기에 낭만주의의 강조점이 놓여 있었다. 모스크바의 류보무드리들은 이 시기에 바로 이런 철학적 또는 낭만적 종교를 고백했다. "기독교의 가르침은 우리들이 보기에는 민중에게나 적합하다. 우리들에게는 아니다"라고 코셸레프는 말했다. "우리는 스피노자와 그

57) 베네비티노프(Д. Веневитинов, 1805~1827) : 러시아의 시인이자 비평가.

58) 코셸레프(А. Кошелев, 1806~1883) : 러시아의 작가, 사회 평론가. 키레옙스키의 절친한 친구였다. 그의 《화상록》은 1889년에 출판되었다.

의 저작을 복음서와 다른 경전들보다 훨씬 더 높이 평가한다." 당시에는 또한 셸링주의와 낭만주의의 영향으로 폴레보이[59]의 서클이 형성되었다. 1830년경에는 스탄케비치[60], 게르첸[61]과 오가료프[62] 서클이 생겨났다. 스탄케비치 서클에서는 셸링에 이어 피히테에게도 영향을 받았다. 후에 이 서클에서 철학적 주도권은 바쿠닌[63]에게 넘

---

59) 폴레보이(Н. Полевой, 1796~1846) : 러시아의 작가, 사회 평론가. 1825년부터 1834년까지 프랑스와 독일 낭만주의 문학을 소개한 《모스크바 전신국(Московский телеграф)》의 편집자였다.

60) 스탄케비치(Н. Станкевич, 1813~1840) : 러시아의 작가, 시인, 사회 평론가. 1831년 바쿠닌, 벨린스키, 게르첸 등이 주요 회원으로 활동한 일명 스탄케비치 서클을 조직한 것으로 유명하다. 1839년까지 존속한 그 서클에서는 철학·역사·예술 등 다방면에 걸친 자유로운 토론이 이루어졌다.

61) 게르첸(А. Герцен, 1812~1870) : 러시아의 사상가이자 혁명가. 그의 활동 대부분은 망명지인 런던에서 이루어졌다. 그곳에서 유명한 잡지 《종》을 발간해 러시아 인텔리겐치아의 지도자 역할을 했다.

62) 오가료프(Н. Огарёв, 1813~1877) : 러시아의 시인이자 혁명가. 1857년 영국으로 망명해 게르첸과 함께 활동했다. 인민주의적 성향이 강했으며, '토지와 의지' 당의 조직에도 관여했다.

63) 바쿠닌(М. Бакунин, 1814~1876) : 러시아의 무정부주의자이자 혁명가. 1840년부터 해외에서 혁명 활동을 했다. 파리에서 바쿠닌, 마르크스 등과 교우 관계를 맺었다. 1848년 파리 봉기에 참여했으며, 1849년 드레스덴 봉기를 주도했다. 1866~1867년에 〈혁명의 교리문

어갔다. 1840년대 중반부터는 헤겔주의의 목소리가 들리기 시작했다. 게르첸 서클 역시 초기에는 낭만주의적이었다. 낭만주의에는 생시몽주의의 모티브, 후에 오가료프가 말했듯이 "세상에 새로운 종교 형태를 부여하고자 하는 갈망"이 스며들었다.

1840년대에는 새로운 그룹들이 형성되었다. 바로 1840년대에 '서구주의자'와 '슬라브주의자'의 차이가 처음으로 정의되었다. 1830년대에는 '서구적인' 이들 역시 미래의 '슬라브주의자들'과 마찬가지로 종교적 · 도덕적인 문제에 관심을 가졌다. 당시 사회 구상은 기독교 이데올로기와 뗄 수 없게 연관되어 있었다. 그것은 총체적인 세계관의 추구였다. 1840년대 중반에 '서구주의자들' 사이에 발생한 분리는 종교적 테마에서 비롯된 것이었다. 1830년대와 1840년대의 철학적인 고양은 이중적인 출구를 발견했다. 어떤 이들은 교회와 종교의 회복에서 길을 찾았고, 다른 이들은 불신앙과 직접적인 무신론에서 길을 발견했다. 러시아의 문화 엘리트에서 발생한 이러한 분열 또는 양극화는 바로 종교적인 차원에서 비롯된 것이었다.

답서〉를 작성했다. 대표작은 1874년에 쓰인 《국가와 무정부주의(Государственность и анахия)》가 대표적이다.

'헤겔학파' 역시 종교적 테마 때문에 분리되었다는 점을 기억할 필요가 있을 것이다.

3. 1840년대에 러시아 사회는 러시아에 대한 논쟁으로 분열되었다. 이 역사철학적인 이견에는 더 깊고 본질적인 점에서 차이가 나타났다. 사람들은 러시아의 운명 (또는 러시아의 사명)에 대해 생각하기 시작했는데 당시 그럴 만한 동기와 이유들은 충분했다. 1812년의 '전(全) 민중적인 경험' 그리고 유럽과의 군사적 · 비군사적인 만남이 그 이전에 있었던 것이다. 유럽에서의 러시아, 그것이 알렉산드르 시대의 테마였다. 영웅 이야기 또는 서사시《러시아 제국의 역사》는 결점들이 있었음에도 당시 모든 사람들에게 러시아의 과거, 표트르 이전 역사의 현실을 느끼게 만들었다. 민족의 사명 또는 과제에 대한 테마는 낭만주의에 의해 암시되었다. '세계 역사'의 전체적인 계획 또는 그림 속에서 러시아의 위치에 대한 질문이 제기되었다. 러시아의 운명에 대한 역사철학은 각성되기 시작한 러시아 철학 사상의 주된 주제가 되었다. 그리고 이런 역사철학적인 차원에서 또다시 러시아의 문화적 · 사회적 의식에 종교 문제가 명료하게 떠올랐다. 경험과 사고 속에서 러시아의 역사적 독특성, 러시아와 '유럽'의 어떤 역사적인 대비가 점점 더 분명해졌다. 이러한 차이는 처음부터

종교적 운명의 차이로 인식되었다. 차다예프의 숙명적인 《철학 서한》에서 문제는 바로 그렇게 제기되었다.

차다예프는 그 이전 세대에 속한 사람으로 데카브리스트들[64]과 동년배였다. 차다예프를 흔히 최초의 서구주의자라고 부르며, 그에게서 서구주의의 역사가 시작된다. 그러나 그를 최초라고 부르는 것은 간접적인 의미에서만 가능하다. 그의 세대에서는 모두가 서구주의자들이었던 것이다. 그는 독특한 서구주의자였다. 그것은 종교적인 서구주의였다. 차다예프의 형상은 지금까지 불명료하게 남아 있는데, 가장 불명료한 것은 그의 종교성이다. 이 로마 신정정치 옹호자의 세계관에서는 무엇보다도 교회성을 찾아보기가 힘들다. 그는 이데올로그였지, 교회에 속한 사람은 아니었다. 그에게 역사란 세계 속에서 하나님의 왕국이 세워지는 과정이었다. 이 왕국의 건설을 통해서만 역사 속으로 편입될 수 있다. 차다예프의 역사적 지평은 서구 유럽으로 제한된다. "유럽에서 일어난 어떤 일

---

64) 데카브리스트들(декабристы) : 1810년대 후반에서 1820년 초반에 조직된 다양한 비밀 결사에 참여한 러시아 귀족들을 일컫는 명칭이다. 그들은 전제정치에 반대해 1825년 12월 14일 니콜라이 1세의 즉위식에서 입헌군주정과 농노 해방을 주장하며 봉기를 계획했으나 실패했다. 12월[데카브리(декабрь)]에서 그 명칭이 유래했다.

도 우리에게 도달한 것은 없다." 이러한 역사적 고립 속에서 차다예프는 숙명적인 불행을 보았다. 후에 이러한 전제로부터 그는 정반대의 결론을 이끌어 낸다. 그는 이제 역사적으로 새로 태어난 것이 결코 항상 유아 상태에 머물러 있어야 한다는 것을 의미하지는 않는다는 것을 이해했다. 즉, 과거가 백지와 같다는 것이 미래도 그러하리라는 것을 의미하지는 않는 것이다. 그와는 반대로, 그는 풍요로운 과거가 갖는 이중성, '시간의 숙명적인 압력'을 깨닫게 되었다. 서구의 과거로부터 자유로운 것이 이제는 러시아 국민에게 미래를 건설하는 데 비할 수 없는 이점을 주는 것으로 여겨졌다. 이제 차다예프는 러시아에서 '미래에 존재할 하나님의 백성'을 보았다. 그는 하나님 왕국의 역사에서 이미 새로운 단계가 시작되었다고 보았다. '정치적인 기독교'는 '순수하게 영적인 기독교'에 자리를 내주어야 했다. 사회적인 기독교의 시대가 시작된 것이다. 러시아의 종교적 · 역사적 자의식의 변증법에서 차다예프의 사상은 나름의 의미와 위치를 지닌다. 그는 기독교의 역사적인 의의와 사명에 대해 날카롭게 사고했다. 그에게는 자신만의 역사철학이 있었다. 그러나 그에게 신학 사상이나 견해는 없었다.

4. 슬라브주의는 종교적인 문화철학이었다. 슬라브주

의자들과 서구주의자들 사이에는 문화의 목적과 길, 그리고 가능성에 대한 심각한 불일치가 있었다. 슬라브주의자들 중에서 가장 '서구적인' 인물은 이반 키레옙스키였다. 그가 창간한 최초의 잡지명인 《유럽인》이 그것을 잘 표현해 준다. 키레옙스키는 서구의 계몽이 '최고의 단계', 즉 정교회의 수준까지 발전되기를 꿈꾸었다. 그는 그 '반대의 흐름'에 대해서는 생각하지 않았다. 키레옙스키에게 서구의 비진리는 신앙과 전승에 대해 형식적인 이성과 오성이 거둔 승리, 즉 사유의 결론을 전승보다 더 높이는 것에 있었다. 그는 러시아의 독특성을 바로 전승에서 발견했다. 고대 러시아는 발전되지 못했을지라도 서구가 갖지 못한 올바른 발전의 조건을 갖추고 있었다. "고대의 러시아에는 학문에 올바른 기초를 제공할 수 있는 지식의 원칙과 기독교 철학이 있었다." 키레옙스키가 염두에 둔 것은 교부 전통의 계승이었다. 그는 결코 과거로 돌아가 옛 형식을 복원하는 것을 원치 않았다. 죽은 형식을 되살리는 것은 우습기도 하고 해로운 것이다. 중요한 것은 '내적인 정신의 형성'이다. 러시아의 역사성과 민족성은 정교회 진리의 높은 '원칙'으로 정의되었다. 그것은 통일성과 분별력이었다. 키레옙스키는 항상 하나의 주제로 되돌아갔다. 1852년 《모스크바 선집》에 실린 그의 유명한 논문인

〈유럽 계몽의 성격, 그리고 러시아의 계몽과 그것의 관계〉는 그 제목 자체가 시사하는 바가 크다. 그에게 문제는 항상 미래에 관한 것이었다. 그는 '전승에 대한 존경'이 지나치면 위험하다고 말했다. 그것은 내적인 정신보다 외적인 표현에 더 집착하게 만들기 때문이다. 교부들에게로 돌아가자고 하는 것 역시 단순한 반복 또는 모방의 의미가 아니었다. 따른다는 것은 반복한다는 의미가 아니다. "교부들의 지혜는 아직 발전해야 하는 미래 철학의 배아에 지나지 않는다. 왜냐하면 철학이란 어떤 확신이 아니라 사상의 발전이기 때문이다. 이미 우리에게 교부들이 확립한 준비된 철학이 있다고 생각하는 것은 매우 큰 실수가 될 것이다. 우리의 철학은 아직 생성되어야 한다. 그것은 한 사람에 의해서가 아니라 보편적으로 공감하는 일치된 생각에 의해서 자라나야 한다." 키레옙스키의 이 발언은 매우 의미심장하다. 첫째, 그는 모든 문제에 대한 '준비된 해답'을 교부들에게서 찾을 수 있으리라 기대하지 않았다. 더 중요한 것은 교부들의 인식과 추구 방법을 배우는 것이다. 둘째, 서구 계몽의 모든 문제들은 인정되고 해결되어야지 회피되어서는 안 된다. 그는 정교회가 미래에 해결해야 할 계몽의 과제를 배제가 아닌 극복에서 찾았다. 말년에 키레옙스키는 교부들의 저작, 특히 옵티나 수도원[65]

의 금욕주의적 작품들의 출판에 힘을 기울였다. 그는 자신의 신학적 · 철학적 작업을 옵티나의 마카리 장로의 판단에 전적으로 맡겼다. 키레옙스키는 글을 많이 쓰지 않았다. 몇 편의 강령적인 논문이 그가 쓴 전부다. 그러나 이런 개략적인 글들에도 그의 사상과 성격, 개성의 통일성과 집중이 느껴진다. 그는 사회적인 활동가가 되지는 못했다. 그러나 그는 자기 자신 속으로 침잠해 내적인 일, 공적(功績)에 자신을 바쳤다. 그는 회개와 부인의 길을 통과했다. 그것은 '교회화(воцерковление)'는 아니었을지라도 낭만주의의 극복이었다.

5. 이 시기 문화의 종교적 문제의식은 특별히 고골(Гоголь, 1809~1852)에게서 매우 첨예하게 느껴진다. 고골로부터 새로운 길이 시작되었는데, 그것은 문학에서뿐만이 아니었다. 젊은 시절 고골은 독일 낭만주의를 경험했으며, 낭만적 정신 속에서 창작했다. 낭만주의로부터 고골은 유토피아주의의 유혹, 즉 예술의 창조력의 유혹을 경험했다. 그리고 그 후에는 환멸이 찾아왔다. 그는 낭만주의 속에서 종교적으로 출구를 찾지 못했고 낭만주의에서

---

65) 옵티나 수도원(Оптина пустынь) : 모스크바 근교 칼루가(Калуга) 현에 위치한 수도원으로 19세기 러시아 수도원 부흥의 중심이 되었다.

교회로 되돌아가야 했다. 낭만주의에는 거짓된 길만이 있었던 것이다. 젊은 고골의 종교적 세계관은 매우 애매한 것이었다. 그것은 매우 불명료한 종교적 휴머니즘이었다. 당시 고골은 교회의 실제성을 느끼지 못했다. 그는 신앙 고백들 사이의 어떤 차이점을 발견하지 못했다. “우리의 종교와 가톨릭은 완전히 똑같은 것이다. 따라서 하나의 종교를 다른 것으로 바꿀 필요는 전혀 없다. 그것은 모두 진리이며, 우리의 영혼을 하늘로 향하게 하기 위해 언젠가 우리의 땅을 찾아와 굴욕을 당하신 우리의 구세주, 하나님의 지혜를 똑같이 고백한다.” 로마에 머무는 동안 그가 주로 읽었던 것은 모방에 대한 유명한 책[66]이었다. 그와 동시에 고골은 즐라토우스트, 시리아의 에프렘,[67] 《도브로토류비에》, 티혼 자돈스키 등을 읽었다.

어려서부터 고골에게는 무엇인가 위대하고 특별한 것

---

66) 가톨릭교회의 유명한 고전인 토마스 아 켐피스(Thomas à Kempis, 1380~1471)의 책 《그리스도를 본받아(De Imitatione Christi)》를 가리킨다.

67) 시리아의 에프렘(Ефрем Сирийский, 306?~373) : 메소포타미아 출신의 성인. 다수의 설교문과 시, 도덕적인 내용의 글들을 남겼다. 성경 해석에도 탁월했던 그는 동방정교회의 중요한 변증가들 가운데 한 사람으로 자리매김되고 있다.

을 성취하기 위해 자신이 선택받았다는 소명에 대한 굳은 확신이 있었다. 그러한 자기 인식은 그 세대, 감상주의적이고 낭만적인 시대 전체에 특징적인 것이었다. 그에게서 그런 감정은 때때로 강박관념과 교만의 수준에 이르기도 했다. 교사와 같은 그의 집요함은 가장 가까운 친구들을 매우 짜증나게 하곤 했다. 그의 종교적 여정은 굴곡과 파열이 있는, 힘들고 설명할 수 없는 것이었다. 그의 경험에는 분명 금욕적이고 지나치게 긴장된 병적인 회개와 반성의 요소들이 있었다. 그러나 바로 여기에 그의 독특성이 있다. 그는 이런 통렬한 금욕주의를 사회 활동에 대한 매우 집요한 의지와 결부시켰다. 고골의 숙명적인 책《친구들과의 서신 교환선》의 모든 의미는 바로 여기에 있었다. 《죽은 혼》 2부에서 고골은 '부활한' 또는 각성한 러시아를 보여 주고자 했다. 고골이 이해하는 바로는 그것은 세태를 다룬 소설이 아니라, '영혼에 유익한 서사시(поэма)'였다. 그리고《서신 교환선》은 이 '서사시'에 대한 이데올로기적인 서론이었다. 이 책에서 개인의 완성과 구원의 설교만을 보는 것은 극단적인 오해다. 그것은 사실상 기독교의 사회 프로그램이었다. 고골은 존재하는 질서와 상태에 결코 만족하지 않았다. 그는 온통 개혁의 파토스로 충만해 있었다. 그에게는 무엇인가 종말론적인 초조함, 직접적인 행동의 갈망이 있었다. 그의 책은 처음부터 끝까지 사회적인 선에 대한 것이었다. 그것은 거룩한 왕국의 유토피아였다. 그는 이미 자신을 '다른 세계', 새로운 신정 국가적 차원에서 보았다. 이런 점에서 그를 알렉산드르 시대의 '신성 동맹' 정신과 비교해 볼 수 있다. 이 알렉산드르 시대의 정신과 그를 연결시켜 주는 또 다른 요소는 그의 종교적 · 사회적 유토피아에서 교회 '일'의 창조적인 주도권이 성직자가 아닌 세속적인 사람들에게 맡겨진다는 것이었다. "군주의 권력은 만약 그가 지상에서 신의 형상이 되어야 한다고 느끼지 않는다면 의미가 없는 현상이다." 성서도 군주를 위한 책이 되었다. 군주는 선택받은 백성 중에서 다스리고 있으므로 신을 본받기만 하면 되었다. 이러한 신정정치적인 군주의 유토피아적인 형상은 알렉산드르 이바노프[68]에게서 매우 유사하게 반복된다. 그리고 더 흥미롭게도 이후에 블라디미르 솔로비요프(Влад. Соловьёв, 1853~1900)가 러시아 군주의 신정정치적인 의무를 논한 내용에서 그와 유사한 이상이 반영된다.

고골은 《저자의 고백》에서 자신의 책이 "자신의 내부

68) 알렉산드르 이바노프(А. Иванов, 1806~1858) : 19세기 러시아의 화가로 종교적인 테마를 그린 것으로 유명하다.

에서 몇 년을 보냈던 인간의 고백"이라고 설명했다. 그러나 바로 그의 이 내적인 경험이야말로 혼돈스러움이라는 그 책의 주된 결함이었다. 바로 이 점과 그의 마지막 몇 년 동안의 '종교적인 위기'가 연관되어 있다. 그에게 유일한 해결책은 사회적 유토피아의 거부와 금욕주의적인 자신 속으로의 침잠이었을 것이다. 그는 마지막 몇 년 동안 매우 힘든 과정을 통해 내적으로 변화되었다. 그러나 창조적인 면에서 그는 그렇게 변할 수 없었다. 《죽은 혼》의 마지막 원고에서 그는 이전처럼 생명 없는 경건주의의 한계에 머물러 있었다. 이것은 그의 마지막 실패였다.

러시아 종교 발전의 역사에서 고골은 직접적인 영향을 주지 않았다. 사람들이 그를 종교적인 교사로 알아본 것은 반세기가 지난 후였다. 러시아의 신낭만주의 시대에 가서야 고골의 종교적 · 낭만적 모티브들은 다시 생명을 얻게 되었다.

6. 슬라브주의의 교의를 체계화한 이는 호먀코프(A. C. Хомяков, 1804~1860)였다. 호먀코프는 타고난 변론가였다. 그의 사상은 항상 대화와 논쟁 속에서 발전하고 심지어 최초로 형성된다. 그의 성향에는 무엇인가 '소크라테스적'인 것이 있었다. 게르첸은 호먀코프를 "지치지도 않고 쉬지도 않는 전사"라고 불렀다. 그의 굳건함은 바로

그의 충실성, 용기, 자기 절제에서 비롯된 것이었다. 베르다예프[69]는 그를 "정교회의 기사"라고 불렀다. 호먀코프의 신학적 또는 종교적 · 철학적 견해의 '원천'에 대해서는 아직까지 구체적으로 밝혀진 바가 없다. 호먀코프가 교부들의 저작과 고대 교회사에 매우 정통해 있었으리라는 것은 분명하다. 1840년대 슬라브주의자들은 교부들을 많이 읽었다. 호먀코프가 아우구스티누스의 저작에 특별한 관심을 기울였다고 가정할 만한 근거가 있다. 그가 헤겔을 비롯한 당대 독일 철학에도 상당한 조예가 있었으리라는 것도 논란의 여지가 없다. 그러나 셸링의 영향은 바더[70]의 영향만큼 대단한 것은 아니었다. 묄러[71]와의 유사성은 의심할 수 없다. 또한 몇 가지 문제에서 비네[72]와의 유사

---

69) 베르댜예프(Н. Бердяев, 1874~1948) : 러시아의 종교철학자. 러시아의 실존주의를 대표하는 철학자. 대표적인 저작으로《자유의 철학(Философия свободы)》,《창조의 의미(Смысл творчества)》,《러시아 사상(Русская идея)》 등이 있다.

70) 바더(Baader, 1765~1841) : 독일의 사상가이자 신지학자. 그는 신을 영구적인 자기 갱신의 과정을 겪는 존재로 사유했다. 현재 가톨릭의 가장 탁월한 신학자들 중 한 사람으로 평가받는다.

71) 묄러(Möhler, 1796~1838) : 독일의 가톨릭 신학자. 튀빙겐 대학의 소위 '가톨릭 학파'의 지도자였다. 교회의 일치에 관한 다수의 저서를 남겼다.

성도 나타난다. 그러나 '영향'에 기대어 호먀코프의 독창성을 가려서는 안 된다.

호먀코프는 교회의 내적 경험에서 출발한다. 그는 체계적으로 설명하기보다는 묘사한다. 바로 여기에 그의 강점이 있다. 그는 교회 안을 직접 목격한 자로서 그곳에서 사는 경험을 통해 내부로부터 열리는 교회의 실제를 묘사한다. 이런 점에서 호먀코프의 신학은 증언의 특성을 갖는다. 그와 묄러의 유사성은 '영향'의 차원보다는 경험과 증언의 차원에서 고찰해야 한다. 그들은 서로 다른 측면에서, 그리고 서로 다른 출발점에서 동일한 실제에 접근했다. 그들의 공통점은 신학적 연구와 인식의 방법으로서 교회성을 인정한 것이다. 교회 안에 있다는 것, 그것이야말로 신학적 인식의 필수 불가결한 조건이다. 기독교는 오로지 내부로부터만 알려지기 때문이다. 호먀코프의 신학 저술들은 그의 사후에 최초로 출판되었다. 그 저술들이 읽히기 시작한 것은 좀 더 후의 일이었다. 많은 이들이 그의 저술을 불신했다. 그러한 불신과 조심성은 새로움으로써 설명할 수 있다. 그것은 내용의 새로움이 아닌 형식

72) 비네(Vinet, 1797~1847) : 스위스의 신학자. 프로테스탄티즘의 파스칼이라 불린다.

의 새로움이었다. 그것은 '경험을 통한 신(神) 인식의 잊힌 길'로 돌아가라는 부름이었다. 바로 이 점을 후세대는 높이 평가했다. 호먀코프의 신학적 유산 가운데 가장 중요한 것은《교회에 대한 가르침의 교리문답적 서술》(1864년에 최초로 출판되었다)이었다. 그는 스스로 그것에《교회는 하나다》라는 더 간단한 명칭을 붙였다. 그것은 테마인 동시에 테제, 전제이자 결론이었다. 호먀코프에게서 어떤 정의(定義)나 증명을 찾는 것은 무의미한 일이다. 그는 스스로에게 그와는 다른 과제를 부여한다. 호먀코프는 의식적으로 증명하거나 정의하지 않는다. 그는 증언하고 묘사한다. 논리적인 정의 대신에 교회의 형상을 그려 내고자 애쓴다. 그는 교회의 모든 영적인 생명력을 충분히 형상화하기 위해 분투한다.

그는 권위와 자유를 대립시킨다. 다시 말해, 그는 외적인 증명의 형식적 강제를 진리의 내적인 자명성에 대립시킨다. 그는 개인적인 또는 부분적인 의견의 자유를 허용하지 않는다. 그는 오히려 그 반대를 주장한다. 신앙은 '개별적인 일'이 아니며, 그렇게 될 수도 없다. 왜냐하면 신앙이란 그리스도에 참여하는 것이기 때문이다. 신앙은 결합시켜 주는 한 성령으로부터 비롯된다. 따라서 그것은 항상 공동의 일인 것이다. 호먀코프가 묘사한 교회의 특징은 무엇보다도 단일성이다. 그것은 '은혜에 굴복한 다수의 이성적인 피조물들 안에 사는 하나님 은혜의 단일성인 것이다'. 단순한 동의가 아닌, 교회 안에서, 즉 그리스도와 성령 안에서의 동의가 진리를 보장해 주고 증언한다. '동의'의 모든 가치는 그것이 은혜와 성령의 현존을 논박할 수 없게 증언한다는 데 있다. 호먀코프의 '소보르노스티'는 결코 '사회성' 또는 단체성과 일치하지 않는다. 그가 이해하는 소보르노스티는 인간적인 것이 아닌 교회의 신적 특성이다.

자신의 논쟁에서 호먀코프는 사랑과 분열, 또는 교제와 고립으로 교회와 이단의 대립을 특징짓는 고대 교회의 습관을 적용했다. 묄러의 역작인 《교회 안에서의 일치에 관해》(1825년에 초판, 1843년에 재판이 나왔다)에서 호먀코프는 이 고대 교회 논쟁의 원칙의 뛰어난 특성을 발견할 수 있었다. 그는 당대 신학 문헌들을 주의 깊게 관찰했던 바, 교회에 관한 이 훌륭한 책을 그가 몰랐다고 가정하기는 어렵다. 묄러의 책 표제 자체가 시사하는 바가 매우 크다. 《Die Einheit in der Kirche oder das Prinzip des Katholicismus》(1825), 즉 《교회 안에서의 일치, 또는 소보르노스티의 원칙》. 여기서 '보편성'이라는 용어를 '소보르노스티'로 전달하는 것이 무엇보다 더 정확할 것이다.[73] 묄러 자신도 '보편성'을 바로 다수 속에서의 일치, 끊어지지 않는 전체적인 삶으로 정의했던 것이다. 호먀코프와 묄러의 이 영적인 만남은 의미하는 바가 매우 크다. 묄러 역시 교부 전통으로의 영적 회귀를 위해 당시 계몽주의 시대정신과 내적인 투쟁을 벌이고 있던 독일 가톨릭 신학자들의 세대에 속해 있었던 것이다. 호먀코프는 교회의 존재에서 가장 중요하고 일차적인 것으로 그것의 존재론적 단일성, 그것의 소보르노스티, 또는 보편성을 보았기 때문에, 기독교 세계에서 실제로 일어났던 분리와 분열의 의미를 설명할 수 있었다. 교회는 '다양한 견해들의 결합'이 될 수 없다. 그러나 동시에 그는 또 다른 점을 주장한다. 단지 교회의 보편적인 가르침에 지적으로, 심지어 가슴으로 동의한다고 해도 그것만으로는 교회의 충만함과 생명에 속하기에 부족하다는 것이다. 아직 '도덕적인 장애물'이 남아 있기 때문이다. 호먀코프는 분리되어 나간 '신앙고백들'에 대한 문제를 논하기 위해 주된 전제들을

73) "Die Einheit in der Kirche oder das Prinzip des Katholicismus"를 직역하면, '교회 안에서의 일치, 또는 가톨릭주의의 원칙'이다. 플로롭스키는 'Katholicismus'를 '가톨릭주의'라 하지 않고 '소보르노스티'로 번역했으며, 옮긴이는 '가톨릭교회'와의 혼동을 피하기 위해 문맥을 살펴 '보편성'으로 번역했다.

확립해야한 했다. 정교회의 소위 '폭로 신학'의 역사에서 그는 이전의 무익한 궤변 대신에 문제 자체를 원론적으로 제기한 비교할 수 없는 공로를 세웠다. 비록 그의 소책자는 시스템이 아닌 초안, 서론에 불과했을지라도 그가 제기한 문제는 예리하고 본질적인 것이었다.

7. 지난 세기 러시아 인텔리겐치아의 모든 역사는 종교적 위기의 징후 아래서 흘러갔다. 당시 러시아에서 발생한 위기의 종교적 의미와 성격은 도스토옙스키(Достоевский, 1821~1881)가 밝히고 제시했다. 그의 개인적 경험과 예술적 통찰력은 창작과 긴밀하게 결합되어 있다. 도스토옙스키는 자기 시대의 비밀에 이름을 붙일 줄 알았고 당시 아직 말해지지 않은 종교적인 우수를 꿰뚫어 볼 수 있었다. 도스토옙스키는 당시의 러시아의 경험 전체가 갖는 의미를 파악하고자 노력했다. 도스토옙스키는 사사로운 일상의 일들과 사건들이 얽힌 가운데서 어떻게 인간의 최후 운명이 결정되는지를 관조했다. 그는 인간의 개성을 그 '경험적 성격' 또는 보이는 원인과 결과의 유희 속에서가 아니라 존재의 비밀스러운 흐름이 결합되고 흩어지는, '이성으로 포착될 수 없는' 심연 속에서 연구했다. 도스토옙스키는 인간을 그 문제성 속에서, 다시 말하면 자유 속에서 연구했다. 이 점을 강조하는 것이 중요한데 오직 '문

제'를 통해서만 자유가 '대상'이 될 수 있는 것이다. 자기 작품들에서 도스토옙스키는 자신에 대해서만 이야기하거나 자신의 정신적인 경험을 '객관화하지'만은 않는다. 그에게는 한 명이 아닌 많은 주인공이 있다. 그리고 각각의 주인공은 얼굴(또는 형상)일 뿐 아니라 목소리이기도 하다. 매우 일찍부터 도스토옙스키는 인간의 자유가 갖는 비밀스러운 이율배반을 보았다. 인간 삶의 모든 의미와 기쁨은 바로 자유, 의지적인 자유, 인간의 이 '자의지'에 있었다. 심지어 겸손과 순종도 오직 '자의지'를 통해, 그리고 자기 부인을 통해서만이 가능하다. 그러나 인간의 이 '자의지'는 너무 자주 자기 파괴로 돌변해 버리지 않는가? 그것은 도스토옙스키의 가장 친밀한 주제였다. 그는 자유가 다른 사람들에게 강제 또는 압제가 되어 버릴 때, 자유나 자의지의 비극적인 충돌 또는 교차를 보여 줄 뿐 아니라 자유의 가장 무서운 자기 파괴도 보여 준다. 자신을 스스로 정의하고 긍정하는 고집은 인간을 전통과 환경으로부터 단절시키고 그럼으로써 그를 무력화한다. 이런 무토양주의에서 도스토옙스키는 정신적인 위험을 발견했다. 고독과 고립 속에는 현실과의 단절이라는 위협이 도사리고 있는 것이다. 고독한 자유는 사로잡힘으로 변해 버리고, 몽상가는 자기 몽상의 포로가 되어 버린다. 도스토옙스키는 공허한 자유가 어떻게 정열 또는 사상의 노예로 변해 버리는지를 보여 준다. 그리고 타인의 자유를 침해하는 자는 그 스스로가 파멸한다. 바로 여기에 라스콜리니코프의 비밀, '나폴레옹의 비밀'이 있는 것이다. 자유는 사랑을 통해서만 행사될 수 있고, 사랑은 오직 자유 속에서만 가능하다. 부자유한 사랑은 정열 속에서 탄생하고 사랑하는 사람에게 강제가 되어 버린다. 바로 여기에 도스토옙스키의 종합을 향한 열쇠가 놓여 있었다. 도스토옙스키는 부자유한 사랑의 이 이율배반적인 변증법을 두려울 정도의 통찰력을 가지고 묘사했다. 대심문관은 바로 타인의 자유를 존중하지 않는 이웃을 향한 이러한 부자유한 사랑의 희생자인 것이다.

도스토옙스키의 마지막 종합은 교회에 대한 증언이었다. 블라디미르 솔로비요프는 사회적 이상으로서의 교회라는 도스토옙스키의 중심 사상을 바르게 정의했다. 자유는 오직 사랑과 형제애를 통해서만 완전히 실현될 수 있다. 바로 여기에 소보르노스티의 비밀, 그리스도 안에서의 형제애와 같은 사랑으로서의 교회의 비밀이 있는 것이다. 이것은 형제애와 같은 사랑을 갈망하는 당시 휴머니즘적인 형제애의 추구에 대한 내적 반향이었다. 그의 진단과 결론은, 오직 교회와 그리스도 안에서만 사람들은 진실로 형제가 될 수 있으며, 오직 그리스도 안에서만 모든 강제와 사로잡힘의 위험이 벗겨진다는 것이었다. 오직 그리스도 안에서만 인간은 자신의 이웃에 대해 위험해지기를 멈출 수 있다. 단지 호감과 동정만으로는 형제애가 되기에 부족하다. 인간을 그저 인간으로서 사랑해서는 안 된다. 그것은 자유가 아닌 우연성 속에서 인간을 사랑하는 것을 의미하기 때문이다. 그러나 더 위험한 것은 인간을 그 이상적인 형상 속에서 사랑하는 것이다. 여기에는 거짓된 이상이 살아 있는 인간을 모욕하고 그를 몽상으로써 목 조르며 상상해 낸 사상으로 속박하는 위험성이 숨어 있다. 형제애에 대한 휴머니즘적인 몽상으로부터 도스토옙스키는 사회의 '유기적인' 이론으로 옮겨 간다. 도스토옙스키가 '대지주의'를 이데올로기로서 고백한 것은 중요하지 않다. 그러나 그의 예술 창작에서 이 '대지'와 '몽상'에 대한 테마가 주된 것이 된다. '대지주의'는 본원적인 총체성으로의 회귀, 총체적인 삶의 이상과 과제였다. 모든 존재에는, 특히 인간의 실존에는 어떤 분열이 존재한다. 인간은 고립된다. 이것이 도스토옙스키를 가장 불안하게 했던 것이었다. 그는 매우 신속하게 경험의 총체성만으로는 아직 매우 부족하다는 것을 이해했다. 감정의 총체성뿐 아니라 신앙으로 돌아가야 했다. 도스토옙스키의 모든 주된 소설들은 바로 이것에 대한 것이다. 러시아 철학의 역사에 그가 포함되는 것은 철학 체계를 세웠기 때문이 아니라 형이상학적인 경험을 확장시키고 심화시켰기 때문이다. 특히 중요한 것은 그가 모든 삶의 진실의 추구를 교회의 현실성으로 귀속시켰다는 것이다. 그의 살아 있는 형상들의 변증법 속에서 소보르노스티의 현실은 특히 명백한 것이 된다. 물론 모든 인간의 삶에서 종교적인 테마와 문제의 심연이 강력하게 묘사되었다. 이것은 특히 러시아의 1870년대의 동요된 상황에 시기적절한 것이었다.

콘스탄틴 레온티예프(Конс. Леонтьев, 1831~1891)는 도스토옙스키가 새로운 '장밋빛' 기독교를 선전했다고 날카롭게 비난했다. 도스토옙스키가 '지어낸' 기독교에 레온티예프는 현대의 수도원, 그리고 수도사의 삶을 대비시켰다. 그리고 조시마 장상[74]은 현대의 수도원 정신에 부합되지 않는다고 주장했다. 로자노프[75]는 이 점에 대해서 매우 올바른 언급을 한 바 있다. "만약 18~19세기 러시아 수도원의 타입에 부합되지 않는다 해도 4~9세기 수도 생

74) 조시마 장상 : 《카라마조프의 형제들》에 등장하는 노(老)수도사.

75) 로자노프(В. В. Розанов, 1856~1919) : 19세기 말 러시아 종교 사상가.

활의 타입에는 부합될 것이다." 어쨌거나 도스토옙스키는 레온티예프보다 더 즐라토우스트에 가까웠다. 도스토옙스키는 많은 점에서 수도원에 대한 관심을 불러일으켰다. 그의 영향으로 당대의 수도 생활의 형태가 '사랑과 기대의 방향으로' 전환되었던 것이다. 레온티예프를 참된 정교회의 대표자이자 표현자라고 간주하는 것은 매우 잘못된 것이다. 심지어 동방 금욕주의의 한 측면에 대해서도 그렇지 않다. 그는 단지 금욕주의를 가장하고 있을 뿐이다. 레온티예프는 세상의 변형을 믿지 않았으며 믿고 싶어 하지도 않았다. 그는 이 변형되지 않은 세상, 이 본원적인 정열과 자연력의 방탕을 사랑했으며 이중적이고 이교적이며 순수하지 않은 미(美)와 헤어지기를 원치 않았다. 그는 종교적인 예술이라는 생각 자체를 멀리했다. 세상에 대한 레온티예프의 판단에는 오직 하나의 기준, 즉 미학적 기준만이 있었다. 그에게는 그것이 생명력과 마찬가지였다. 그는 삶에서 힘, 다채로움, 광휘, '통일성 속의 다양성'을 찾았다. 그는 모든 것이 기독교로 변해 버리면 세상은 그 광택을 잃어버리고 창백해질 것이라고 생각했다. "기독교의 설교, 그리고 유럽의 진보는 온 힘을 다해서 지상에서의 삶의 미학, 즉 삶 자체를 죽이려고 노력한다." 도스토옙스키의 푸시킨 연설[76]에 대해 레온티예프는 짜증스러워

하며 외쳤다. "최종적인 말! 최종적인 말은 오직 하나뿐이다. 지상에서의 삶의 종말. 역사와 삶의 중단." 이 말은 역사가 끝나고 심판이 있으리라는 것만을 의미하는 것은 아니다. 기독교 자체가 역사를 중단시키고 마비시키며 사람들에게서 힘과 즐거움을 빼앗아 가리라는 것이다. 이러한 자신의 두 척도 사이의 갈등에서 레온티예프는 오직 하나의 출구만을 알았다. "어떻게 할 것인가? 우리는 우리가 사랑하는 미학을 희생해서라도 죽음 후의 심판에 대한 두려움에서 비롯된 초월적인 이기주의 때문에 기독교를 도와야만 한다." 얼마나 독성이 강한 니체와 칼뱅의 혼합인가! 기독교는 그에게 이성을 비추는 빛이 아니었다. 그는 교리를 아주 드물게밖에 언급하지 않았다. 그는 그리스도에 대해서도 자주 말하지 않았다. 그는 기독교와 신앙에서 진리를 구한 것이 아니라 오직 구원만을 찾았다. 그가 구한 것은 지옥과 멸망으로부터의 구원이었지 새로운 삶이 아니었다. 그가 이해하는 기독교는 철학적 염세주의와 가까웠다. 모든 것이 끝나고 깨어질 것이다. 레온티예프에게 기독교는 종말의 종교였다. 종말에 대한 예언이지

---

76) 푸시킨 연설 : 1880년 6월 8일에 러시아 문학 애호가 협회에서 도스토옙스키가 행한 연설.

삶을 위한 테마가 아니었다. 기독교에는 역사 속에서, 그리고 역사를 위한 '복된 소식'은 없었다. 레온티예프는 역사 속에서 종교적인 의미를 보지 못했다. 그에게 기독교는 단지 개인의 구원을 위한 닻[77]에 불과했다. 따라서 그에게는 교회에 대한 명료한 이해가 없었다. 그러기에 그는 너무나 개인주의자였던 것이다.

8. 부정과 회귀, 이것이 지난 세기 중반부터 러시아의 의식(意識)과 가슴이 이끌려 들어갔던 불안한 종교적 과정의 두 측면이었다. 당대는 불안의 시대였다. 그러한 역사적 배경 아래서 1870년대부터 시작되었던 블라디미르 솔로비요프의 철학적인 설교의 모든 의미를 이해할 수 있다. 역사와 진보에 대한 믿음, 모든 문화적 이상들이 삶에 대해 거두는 빠르고 최종적인 승리, 사람들 사이에 지상 낙원이 임하는 것은 지난 세기 후반의 러시아 인텔리겐치아들에게 일종의 종교나 다름없었다. 유물론에 심취해 있던 청년 시절의 솔로비요프가 지녔던 이러한 믿음에는 어떤 신비적인 요소도 없었다. 그러나 후에 세계관의 변화와 더불어 그 믿음은 점점 신비적인 성격을 띠어 갔고 재림에 대한 변형된 믿음과 합치되었다. 《신인성(богочело

---

77) 닻 : 성경에서 '구원의 소망'의 메타포로 사용된다.

вечество)에 대한 강의들》 중 첫 강의에서 솔로비요프는 무엇보다도 먼저 '사회주의의 정의'에 대해 말했다. 솔로비요프의 전(全) 창조의 길은 바로 사회주의적 정의의 추구로 이해되고 설명된다. "기독교는 영적인 존재로서뿐만 아니라 물질적인 존재로서의 인간이 갖는 무조건적이고 영원한 의의를 인정한다. 기독교는 육체의 부활과 영생을 긍정한다. 기독교는 새로운 하늘뿐 아니라 새로운 땅을 약속한다." 종교적인 종합 속에서 이러한 사회주의의 구상과 '정의'는 실현된다. 솔로비요프는 자신의 철학적인 활동 또는 설교를 다음과 같은 확신 속에서 시작했다. "추상적이고 철저히 이론적인 인식으로서의 철학은 그 발전을 다 마쳤으며 돌아올 수 없는 과거의 세계로 가 버렸다." 새로운 철학은 삶을 향해야 하며 행동으로 옮겨 가야 한다. '추상적이고' 이론적인 인식의 불충분은 솔로비요프에게 무엇보다도 먼저 주변 세계의 불완전으로 정의된다. 경험 세계 속에는 참된 현실이 주어져 있지 않다. 그 참된 현실을 아는 것이야말로 진짜 진리다. 이 참된 현실을 먼저 새롭게 창조해야만 한다. 솔로비요프는 무엇보다도 먼저 의로운 삶의 길에 대한 문제를 해결하고자 했다. 따라서 그는 '선하고 위대하며 전 세계를 위해 유용한 일'로서 철학에 전념할 것을 촉구했다. 사람들은 솔로비요프를 사

상가로서뿐 아니라 '교사'요, 설교자, 심지어 예언자로 생각했다.

당시 급진주의자들에게서 솔로비요프는 그들이 변형된 세계를 추구하고 있음을 직감했다. 신(新)유럽의 발전에서 솔로비요프는 기독교적 정의의 예고 또는 심지어 선취를 발견했다. 교회는 세상이 이 정의를 찾고 있다는 것을 인식하고 그 추구를 '높은 이성적인 의식의 수준으로 끌어올려' 최상의 종합 속에 고착시켜야 한다. 솔로비요프가 이해하기로 기독교는 창조된 역사의 테마였다. 기독교는 '전 세계적이고 역사적인 원칙'으로서만 완전히 실제적일 수 있다. 솔로비요프는 오직 역사적인 활동 속에서만 교회가 그 자신의 완성에 도달할 수 있다고 굳게 믿었다. 그리고 역으로 오직 교회에서만, 즉 신인성(神人性)의 진리 안에서만 역사적 창조 또는 활동이 최초로 참된 정당성과 지주(支柱)를 발견할 수 있다. "참된 기독교는 집이나 사원의 기독교일 뿐 아니라 전 세계적인 것이 되어야 한다. 그것은 모든 인류와 개인의 일까지 확장되어야 한다." 솔로비요프는 교회가 역사적인 활동가이며 역사 속에서 창조적인 과제와 소명을 가지고 있는 유일하고 참된 사회적 이상이라고 이해했다. "참된 기독교의 본질은 인류와 세계를 그리스도의 정신으로 재탄생시키는 것이며, 세상의 왕국을 이 세상에 속하지 않은 하나님의 왕국으로 변화시키는 것이다." 이것이 솔로비요프의 확고하고 변치 않는 믿음이었으며 그의 모든 시스템의 핵심이었다. 철학은 이러한 위대한 종합, 이 '전일성', 이 위대하고 새로운 회복을 준비해야 한다. 솔로비요프는 자신이 지닌 역사에 대한 기대에서 낙천적인 유토피아주의자였다. "예기치 않은 일이 곧 일어날 것이다." 말년에 그는 강렬한 종말론적인 불안, 종말의 예감에 휩싸였다. 곧 무슨 일인가 일어날 것이다.

《신인성에 대한 강의》에서 솔로비요프는 직관과 개별적인 연역에서 셸링에 매우 가까웠다. 《추상적인 원칙의 비평》에서는 하르트만[78]과 쇼펜하우어의 영향이 강하게 느껴진다. 그리고 항상 헤겔과 그의 방법론이 나타나고 있다. 바로 그것이 솔로비요프의 주된, 그리고 숙명적인 모순이었다. 그는 이러한 비교회적인 경험으로부터 교회적인 종합을 세우고자 했던 것이다. 이것은 무엇보다도 그의 중요한 개념, 소피아에 대한 그의 가르침에 해당된다. 솔로비요프는 후에도 항상 신지학[79]과 그노시스주의

---

78) 카를 하르트만(Karl Robert Eduard von Hartmann, 1842~1906) : 독일의 철학자로 무의식에 관한 이론을 발전시켰다.

의 갑갑하고 좁은 틀 안에 머물러 있었다. 1890년대에 연합에 대한 유토피아적 희망과 기대가 무너지고 난 후에도 그는 이러한 몽상적 그노시스주의의 재현을 다시 한 번 강하게 체험했다. 그는 항상 위대한 교회의 경험과 보편적인 신비학보다는 신플라톤주의와 새로운 독일 신비학과 더 긴밀하게 연관되어 있었다. 특히 그에게는 예배 의식에 대한 민감함이 결여되어 있었다. 그는 교회를 스콜라 철학과 성직주의, 그리고 '기독교 정치학'의 차원에서 이해했지, 신비의 차원, 비밀스럽고 영적인 깊이에서는 이해하지 못했다. 그에게는 종종 이성으로 이해할 수 없는 환영이 나타나곤 했다. 그러나 바로 그 수수께끼 같은 '만남'과 '영원한 여성성'의 환영에서 그는 교회로부터 무엇보다 멀리 떨어져 있었다. 그의 신비학에는 교회의 소보르노스티가 없었다. 그는 철학과 독일 이상주의, 신비학을 통해 프로테스탄티즘과 너무나 긴밀하게 연관되어 있었다. 물론 그는 고대 교회의 역사와 교부들을 충분히 잘 알고 있었다. 그러나 여기서도 그의 관심을 가장 끈 것은 그노시스주의자들과 필론[80]이었다. 필론의 영향은 솔로

---

79) 신지학 : 보통의 신앙이나 추론(推論)으로는 알 수 없는 신의 심오한 본질이나 행위에 관한 지식을 신비적(神秘的)인 체험이나 특별한 계시에 의해 알게 되는 철학적 · 종교적 지혜 및 지식.

비요프가 구약을 해석할 때 항상 감지된다. 그는 오리게네스[81]를 넘어서 더 나아가지 못했다. 어떤 의미에서 그

---

80) 필론(Philon, BC 21?~AD 41?) : 고대 알렉산드리아의 유대인 철학자. 당시 알렉산드리아의 유대인 사회의 지도자이며, 구약성서를 그리스 철학, 특히 플라톤의 사상을 원용해 비유적으로 해석한 인물로 알려져 있다. 그의 사상은 신플라톤주의나 기독교 교부 및 근세의 스피노자 철학 등에 커다란 영향을 끼쳤다.

81) 오리게네스(Origen, 185~254) : 알렉산드리아파를 대표하는 기독교 사상가. 오늘날의 성경 신학자, 조직신학자, 변증적 기독교 사상가로 볼 수 있다. 그는 성경 해석자로서 성경에 대한 문자적 의미의 불충분성을 지적하고 영적 · 상징적 해석에 의지했다. 그의 신학은 교리화를 목적으로 하기보다는 오리겐이 살았던 당시의 이단들, 즉 마르키온주의*자들과 가현설주의*자들에 대항해 창조자 하나님의 선하심과 예수그리스도의 인성과 신성을 증언한다. 그러나 사랑의 하나님이 모든 사람뿐만 아니라 사탄과 마귀까지 구원할 것이라는 그의 신학적 입장은 교회사에서 문제시되고 있다.

* 마르키온주의 : 144년경 로마 성서학자 마르키온의 가르침에서 유래한 이원론적인 신앙을 의미한다. 마르키온은 예수 그리스도가 하나님이 보낸 구세주라는 것을 믿었으나 히브리 성경과 이스라엘의 하나님을 부정했다. 마르키온주의자들은 진노하는 히브리의 하나님은 모든 것을 용서하는 신약의 하나님과는 별개이며 하위의 존재라고 생각했다.

* 가현설(假現說)주의 : 가현설 또는 도케티즘(Docetism, 그리스어로 '보이다'는 뜻인 'δοκέω'에서 유래)은, 예수는 하느님이기에 인간으로서 보인 몸은 환상일 뿐이라는 영지주의 교리다. 간단히 말해서, 예수는 사람의 탈을 쓰고 왔으므로 사람이 아니라면서 예수의

는 니케아 신조 이전의 신학에 머물러 있었다. 이상하게도 그는 신인보다는 신인성을 더 많이 말했다. 그의 체계에서 구세주의 형상은 단지 흐릿한 그림자로 남아 있을 뿐이다. 《신인성에 대한 강의》에서 그리스도론을 다루는 장은 매우 빈약하다. 동·서방 교회를 막론하고 교회의 신비한 성물에 대한 그의 이 이상한 둔감함 또는 무관심이 우리를 놀라게 한다. 다볼 산의 빛의 신비 역시 그의 관심 밖이었다. '전 세계적인 교회'를 다룬 그의 프랑스어판 책에는 건전한 '보편적인' 교회성의 요소가 거의 없다. 그 대신에 교리들의 신지학적 연역만이 발견된다. 솔로비요프를 아우구스티누스와 결부시키는 것은 실질적인 근거가 없다. 성모 마리아에 대한 숭배가 그를 신비적인 차원에서 로마 교회로 이끌었다고 가정할 만한 이유도 없다. 그의 저서와 서정시에서 그런 점은 전혀 느껴지지 않는다. 《신인성에 대한 강의》에서 삼위일체를 논하면서 솔로비요프는 필론과 플로티노스[82], 오리게네스, 신학자 그리고

인간성을 부정하는 교리다. 따라서 예수가 십자가에 달려 고난을 받은 것은 환상일 뿐이며, 그가 죽고 부활하는 것은 중요하지 않다고 가현설주의자들은 주장했다. 가현설은 예수의 신성을 지나치게 강조해 발생한 극단적인 교리로서, 기독교 교부와 신학자들에 의해 단죄되었다.

리우스[83]에게서 발견되는 차이점들을 고려하지 않겠다고 말한다. 본질적으로, 중요한 점에서 그들은 모두 같다는 것이다. 솔로비요프는 2세기 변증가들의 시대로 돌아간 것과 마찬가지였다. 그들에게 소크라테스와 헤라클레이토스[84]는 '그리스도 이전의 기독교인'들로 보였다. 솔로비요프는 어쨌든 교회의 교리로부터 멀리 떨어져 있었다.

솔로비요프는 독창적인 사상가는 아니었다. 그러나 그는 대단히 민감한 사상가였다. 그는 항상 플라톤과 신플

---

82) 플로티노스(Plotinos, 204~270) : 신플라톤주의 철학자. 소위 '신플라톤주의'의 창시자. 플라톤의 영향을 강하게 받아 '어떻게 하나에서 다수가 흘러나왔는가'라는 질문에 답하고자 했다. 그의 사상은 제자 포르피리오스가 편집한 《엔네아데스》를 통해 지금까지 전해지고 있다.

83) 그레고리우스(Григорий, 330?~390?) : 카파토키아 출신의 초대 교회 교부로 나지안주스의 그리고리(Григорий Назианин)라고도 불린다. 초기 기독교에서 삼위일체와 그리스도론을 정립하는 데 지대한 공헌을 했다.

84) 헤라클레이토스(Heraclitus, BC 540?~BC 480?) : 고대 그리스의 소크라테스 이전 철학자. 생성과 변화를 중요시한 철학자로 헤겔 이후 재조명받았고, 흔히 '존재에서 생성으로'라고 일컬어지는 현대 철학의 전회에 따라 영향권이 확장되고 있다. 니체, 베르그송, 들뢰즈 등 현대의 거장들에 미친 그의 영향력은 현저하다. 또한 운동과 생성에 대한 고찰이 노장 철학과 유사해 동양철학에서도 새롭게 주목받고 있다.

라톤주의자들에서 독일 이상주의에 이르기까지 위대한 이상주의 전통의 해석자로 남아 있었다. 그에게는 위대하고 드문 플라톤적인 재능이 있었다. 정신적인 특성에서 솔로비요프는 영웅주의는 아니더라도 많은 기사도 정신과 고상함을 가지고 있었다. 기독교의 말에서 기독교의 행동으로 옮겨 가려는 그의 추구는 매우 설득력이 있다. 그는 슬라브주의자들로부터, 역사적인 주도권과 결정적인 영향력이 서구에서 러시아로 옮겨졌다는 확신을 이어받았다. 그는 정교회의 전 세계적인 사명에 대해서는 잠시 동안만 꿈꿨지만, 러시아 차르의 보편적인 사명에 대해서는 더 확고한 믿음을 가지고 있었다. 솔로비요프는 러시아 성직자들이 자신들의 사회적인 사명을 저버리고 망각하고 있다고 비난했다. 무엇보다 먼저 교회는 다시 자신의 자유를 회복하고 되찾아야만 한다. 자유와 평화의 정신 속에서 교회는 국가와의 경계선을 분명히 해야 한다. 특히 교회는 "현재의 교회에서 죽어 있고 와해된 모습을 취하고 있는 기독교의 진리로부터 멀어진" 교육받은 '최상의 사람들'을 자신에게로 이끌어 들여야 한다. 솔로비요프의 이러한 기대와 소망은 이루어지지 않았다. 그럼에도 러시아 국가의 전 세계적인 사명에 대한 그의 믿음은 변하지 않았다. 바로 이 믿음이야말로 그의 연합주의적인 유토피아의 주된 전제들 가운데 하나였다. '교회들의 연합'이라는 이름 아래 그는 로마의 성직 계급과 러시아 국가의 영원한 연합, 가장 위대한 두 은사들의 최상의 보유자들, 즉 왕국과 성직의 연합을 설교했다. 러시아 국가 없이는 교황도 자신의 신정정치의 사명을 완수하지 못할 것이다. 왜냐하면 오직 슬라브적인 요소 안에서만 성직 계급은 자신의 궁극적인 실현을 위한 환경을 발견할 수 있기 때문이다. 다른 곳에서 솔로비요프는 슬라브 민족과 러시아를 "기독교 세계에서의 새로운 다윗의 집"이라고 불렀다. 그의 종합에는 셋째 요소가 있었는데 그것은 예언자의 직무였다. 그의 초기 사상에는 낭만주의자들의 이 전형적인 모티브가 매우 명료하게 표현되었다. 그것은 '테우르기야'[85]로서의 예술에 대한 사상이다. 영감을 받은 시인, 예술가, 창조자의 형상은 이것과 연관되어 있다. 교회의 성사들에서 솔로비요프는 이 자연적인 '테우르기야'의 변형을 보았다. 따라서 그의 구상에 따르면, '온전한 미학'은 바로 기독교 성사들의 철학이 되어야만 했다. 이 '테우르기야적인' 계기가 유기적으로 신정정치의 종합의 한

85) 테우르기야(теургия) : '신'과 '의식(儀式)'의 합성어. 종교적인 의식을 통해 신과의 합일 또는 신적 지식에 이르고자 하는 마술적 행위.

요소로 편입되었다. 보이는 자연의 변형 내지는 영화(靈化)가 '자유로운 신정정치'의 과제이며 성취될 것이었다. 성서의 영향을 받아 솔로비요프는 예언자의 형상을 사상 속에서 그려 냈다. 그것은 '앞으로 오실 하나님의 진정한 도구, 신인성의 결합에 대한 가장 완전한 표현으로서' 최상의 종합적인 권력이다. 예언자의 직무에서 솔로비요프는 항상 '테우르기야적' 요소를 발견했다. 이리하여 세 요소로 이루어진 '전 세계적인 신정정치'의 도식이 완성되었다. 이미 1880년대에 솔로비요프는 자신의 '신정정치' 구상을 일목요연한 체계로 발전시켰다. 그 전제들은 그의 구상이 그의 의식 속에 형성되었던 1870년대의 유토피아 정신에서 이해될 수 있다.

9. 이와 연관해 매우 의미심장하고 독특한 또 하나의 이름을 언급할 필요가 있다. 니콜라이 표도로프(Н. Ф. Фёдоров, 1828~1903)다. 표도로프가 솔로비요프에게 미친 영향은 특히 1890년대에 느껴진다. 표도로프의 모티브는 《카라마조프의 형제들》의 구상에서도 쉽게 알아볼 수 있다. 그러나 표도로프가 죽은 후에야 그의 원고들이 출판되었다. 그는 작가가 아니었으며 심지어 자신의 사상을 스스로를 위해 메모하기 시작한 것도 비교적 늦은 편이었다. 그의 작품들은 쓰이고 나서 훨씬 후에야 알려지게 되

었다. 그를 좀 더 쉽게 이해하려면 1870년대의 몽상적이고 유토피아적인 시대 환경과 전망을 고려해야 한다.

표도로프는 고독한 사상가였다. 그는 매우 명민하고 예리한 사상가였다. 그는 진실한 아포리아[86]를 드러내고 결정적인 질문을 제기할 줄 알았다. 그러나 그에게는 대답보다는 질문이 더 많았다. 그는 몽상가였다. 통찰보다는 몽상이 항상 더 많았다. 물론 그는 추상적인 이론을 배격했으며, 행동의 철학, 프로젝트[87] 철학을 세우고자 했다. 그러나 바로 이 '프로젝트주의'에서 몽상성이 더 예리하게 드러나고 있다. 공동의 일에 대한 고독한 몽상, 이것이 표도로프 철학의 배리(背理)였다. 그는 형이상학에서 자연주의자였다. 그의 모든 개념은 자연적인 존재라는 카테고리 안에서 형성된다. 표도로프는 정교회에 속한 사람처럼 말을 한다. 그러나 그것은 단지 조건적인 역사적 언어에 불과하다. 표도로프에게는 그리스도 안에서의 '새로운 피조물'에 대한 직관이 전혀 존재하지 않는다. 그는 그리스도에 대해서 매우 적게, 그리고 빈곤하고 설득력 없이

86) 아포리아 : 그리스어로 '통로가 없는 것' '길이 막힌 것'이라는 뜻의 철학 용어. 사물에 관해 해결의 방도를 찾을 수 없는 난관을 의미한다.

87) 계획을 세우고 실행한다는 의미에서 '프로젝트'로 번역했다.

불분명하게 말한다. 엄격하게 말해서 그에게는 그리스도론이란 게 없다. 그의 '프로젝트'에는 타계성(他界性)이 존재하지 않으며, 변형에 대한 전적인 무감각이 엿보인다. 엄밀히 말해서, 표도로프에게는 모든 것을 삼키는 오직 하나의 주제, 하나의 강박적인 구상이 있을 뿐이다. 그것은 죽은 자들의 부활이다. 이상한 말 같지만 그는 죽음에서 어떤 신비도, 죄의 어두운 쏘는 것[88]도 느끼지 못한다. 표도로프에게 죽음은 신비라기보다는 수수께끼이고, 죄라기보다는 불의다. '조상들의 부활', 종(種)의 완전함과 통일성의 회복, 자연적이고 심리적인 형제애의 회복, 이것이 그에게는 죽음에 대한 영적인 승리였다. 자연 속에서 '부활'이란 단지 힘의 전환과 순환을 의미하며, 그런 과정의 이성적인 조절을 의미한다. 그 자신은, 거기에는 어떤 '신비적인' 것도 없으며, 있어서도 안 된다고 강조했다. 그는 보편적인 부활을 완전하게 회복된 종(種)의 형태로 이곳에서의 삶으로의 회귀로 이해했다. 죄에 대한 무감각이 그의 모든 전망을 왜곡했다. 그는 자신의 시스템에 구원의 개념을 포함시킬 수 없었다. 무엇으로부터도

88) 〈고린도전서〉 15장 55절에 다음과 같은 구절이 나온다. "사망(死亡)아, 너의 쏘는 것이 어디 있느냐?"

'구원'될 필요가 없었던 것이다. 인간에게는 싸워야 할 오직 하나의 실제적인 원수가 있을 뿐이다. 그리고 인간에게는 그 원수를 이길 힘이 있다. 그것은 자연 또는 죽음이다. 그리고 이 원수는 일시적일 뿐이다. 자연은 맹목적이고 따라서 파괴적이며 죽음을 가져온다. 그러나 인간은 자연보다 강하고 자연을 정복하고 제어하며 의미와 이성에 순종하는 도구로 변화시킬 소명을 부여받았다. 그때 죽음은 중단될 것이다. 인간은 창조된 자연을 완성해야만 한다. 인간은 자연에 이성을 불어넣어야 한다. 표도로프의 세계관에서 가장 불분명한 것은 인간에 대한 가르침이다. 그의 관심을 끌었던 것은 오직 인간 육체의 운명이었다. 육체를 통해서 인간은 자연과 유착될 수 있는 것이다. 그러나 영혼의 운명이 어떻게 될지는 전혀 불분명하다. 그렇다면 죽음이란 도대체 무엇인가? 무엇이 죽고 무엇이 부활하는 것인가? 육체인가 아니면 인간인가? 죽은 자들의 죽음 이후의 삶에 대해서 표도로프는 거의 언급조차 하지 않는다. 그는 개별적인 인간의 운명에 대해서는 거의 관심을 갖지 않는다. 그의 부활한 세계에서는 개인들이 아닌, 세대 즉 전체 종(種)의 실현 또는 회복이 더 중요하다. 인간의 개성에 대한 가르침은 표도로프에게서 거의 발전되지 않았다. 개인은 오직 종의 기관으로서만 남아 있어야 했다. 그는 죽음의 수수께끼를 일종의 생명공학의 길에서 풀었다. 그는 유기적인 과정에 기술적인 과정을, 출생의 자연적인 힘에 인간의 노동과 계산을 대립시켰다. 표도로프는 자연에서 어떤 의미나 목적, 아름다움도 보지 못했다. 세계는 혼돈과 자연력일 뿐 그 안에는 평화가 없다. 세계 속에 의미를 부여하는 것은 창조가 아닌 오로지 노동이다. 표도로프는 생명의 충동에 노동의 프로젝트를 대립시켰다. 표도로프에게 인간은 무엇보다 먼저 자연의 기술자, 관리자였다. 인간에게 최상의 행동은 조정(調整)이다. 이성은 세계의 혼돈스러운 운동과 과정을 결합시켜 이성적인 합법칙성을 그 속에 도입해야 한다. 우리들은 직접적인 의미에서 하늘의 기술자들이 되어야 하고 우주를 의식(意識)에 굴복시켜야 한다. 그는 우주적인 유기체를 개조하거나 메커니즘으로 변모시키기를 원했다. 그리고 그로부터 이성적인 세계가 되살아나고 부활해 불멸하기를 기대했다. 그때에는 '노동의 천국'이 열릴 것이다. 힘은 지식과 의식(意識)으로부터 온다. 힘은 이성으로부터 온다. 죽음은 자연으로부터 오지만 생명은 인간의 의식으로부터 비롯되는 것이다. 부활은 인간의 일, 과학과 예술의 일이다. 죽은 자들은 자연적인 힘으로, 새로운 목적을 위해 전환된 자연의 힘으로 부활하게 될 것이다.

표도로프의 종교 체계의 독특함은 그가 명상적이고 금욕주의적인 기독교에 '활동적인' 기독교를 대립시켰다는 데 있지 않다. 그는 거기서 훨씬 더 멀리 나간다. 그는 신적인 활동에 인간적인 활동을 대립시킨다. 그는 은혜에 노동을 대립시킨다. 그는 가장 극단적인 낙관적 펠라기우스주의[89]로 빠져든다. 그의 '종교'는 인류의 종교다. 그의 가르침은 종교적 실증주의의 독특한 형태이자 '실증적 종교'의 세련된 형태다. 사람들은 그가 교회에 속한 사람이었다고들 말한다. 그러나 그의 세계관은 전혀 기독교적인 것이 아니었으며, 기독교의 계시와 경험과는 첨예한 차이를 보인다. 그것은 실제적인 믿음이라기보다는 이데올로기에 더 가까웠다. 그에게는 중요한 것이 빠진 실용적인 기독교만이 남아 있었다. 그에게 영감의 원천은 기독교의 계시가 아니었다. 그는 다른 전승과 전통에서 출발한다. 일종의 '새로운 기독교'를 세운 것이다. 그의 세계관에는 자유로운 영감과 창조, 영적인 삶과 기도의 상승을 위한 자리가 남아 있지 않다. 그의 세계관은 '노동의 의식'이라는 이름 아래 온통 실용주의로 물들어 있다. 그는 가장 강

89) 펠라기우스주의(Пелагианство) : 인간 본성의 선함과 인간의 자유의지의 힘을 강조한 5세기 기독교 이단설.

제적인 실증주의를 설교한다. 그는 개성을 '프로젝트'에 종속시킨다. 자유의 이름 아래 그는 자기 손으로 하는 노동만을 염두에 둔다. 무엇보다도 그는 '행하는 말'의 요구, 기독교적인 행동의 갈망에서는 옳았다. 그러나 그 진리는 내적으로 휴머니즘적인 자기 확신에 의해 무력화된다. 몽상의 불꽃은 은혜의 불길은 아니었다.

VII. 역사학파

1. 대개혁의 시기에 언론 개방의 요구가 점차 커져 갔다. 그 시대의 가장 특징적인 징후 가운데 하나는 러시아 종교 잡지의 탄생과 발전이었다. 개인들이 창간한 잡지들이 수도에서, 그리고 심지어 지방에서도 하나둘씩 생겨나기 시작했다. 이와 더불어 공식적인 학문적 성격의 잡지들도 활기를 띠게 되었다. 1860년에 모스크바에서는《정교회 평론》과《영혼에 유익한 독서》가, 페테르부르크에서는《순례자》가, 키예프에서는《시골 목자들을 위한 지침》과《키예프 신학교의 저작들》이 발간되었다. 오데사와 야로슬라블에서도 그해에 최초의《감독관구(監督管區) 통보》가 창간되었다. 당시 생겨난 대부분의 잡지들은 마지막 파국이 올 때까지 살아남았다. 발간이 중단된 적도 있었고 매 호 충분한 생기가 있었던 것은 아니지만, 결코 독자들의 관심이 사그라지거나 독서의 욕구가 약해진 적은 없었다. 이 종교 잡지들을 포괄할 수 있는 공통된 특성을 말하기란 매우 어렵다. 단지 몇 가지 중요한 특성만을 지적할 수 있을 뿐이다. 무엇보다도 강하게 느껴지는 것은 말하고자 하는 욕구, 문제들을 제기하고 논의하고자 하는

욕구다. 이런 면에서 1855년 카잔(Казань) 신학교에서 창간된 잡지《정교회 대담자》의 발전은 특히 주목할 만하다. 1856년의 공식 문서에서 당시 학장이었던 이오안 소콜로프(Иоанн Соколов)는 '러시아의 종교 교육에 대해' 말하면서 사회와 민중을 가깝게 만드는 프로그램에 대한 논의를 발전시켰다. 교회와 신학교는 고립된 상태에서 벗어나 세상으로, 즉 복잡한 삶의 어려움들과 관심들 속으로 들어가야 한다. 이오안은 신학교가 사회적인 영향력을 얻기를 원했다. 매우 대담하게도 그는 설교자로서 농노 해방에서 시작해 사회적 삶의 모든 문제들을 건드렸다. 이러한 카잔 신학교 학장의 사회 평론적인 몰두는 비교적 빠르게 위로부터 제지당했다. 종무원은 그러한 경향이 '종교 잡지에 걸맞지 않다'고 판단했으며, 카잔 신학교의 기관지는 보란 듯이 모스크바 검열위원회에 회부되었다. 당시 잡지들 중 가장 눈에 띄고 중요한 것으로는 1860~1891년에 발간된《정교회 평론》을 들 수 있다. 잡지의 과제는 성직자들과 사회, 종교적인 학문과 삶을 연결시켜 주는 도구가 되는 것이었다. 처음부터 종교 문화와 교회의 사회적인 활동의 주제가 명료하게 표현되고 제기되었다. 기독교 진리에 따른 삶은 '종교적인 의식(意識)의 영역에만 제한되지 않는다'. 기독교는 '창조적이고 생명을 주는 원칙'으로서 모든 현대적 삶을 감싸 안아야 한다.

당시 교회적 삶과 교회 행정의 개혁에 관한 문제들은 매우 공개적으로 제기되었다. 특히 교회 재판의 개혁에 관한 문제가 매우 첨예하게 제기되었다. 이 모든 문제들은 직접적 또는 간접적으로 인쇄물에서 매우 활발하게 논의되었다. 거센 폭로는 주로 성직 계급과 수도 생활에 집중되었다. 그것은 비판에 프로테스탄트적이고 장로교적인 색채를 부여했다. 그것은 폭로였지, 교회의 자기비판이 아니었다. 1860년대의 논쟁들 속에는 다양한 러시아 성직자 층 사이의 불화, 소위 '백승'[90]과 '흑승'[91] 사이의 분열이 노골적으로 드러났다. '흑승'이라고 하면 일명 '학문적인 수도자들'을 의미했는데, 그들은 교육적인 일에 종사했으며 주교들은 주로 그들 중에서 선출되었다. 그것은 어울리지 않는 조건 속에서 이루어진 매우 성공적이지 못한 서구의 선례의 반복이었다. 이 '학문적인 수도자들'은 17세기에 새로운 라틴어 학교들이 도입되었을 때 남쪽에서 처음 생겨나 이 학교들과 함께 북쪽으로 이동했다. 이 새로운 수도자들은 살아 있는 수도원의 전승으로부터 완

90) 백승 : 정교회의 사제들 중 결혼한 이들을 일컫는다.

91) 흑승 : 정교회의 사제들 중 독신 수도사들을 일컫는다.

전히 분리되었다. '학문적인 수도자들'과 수도원들 사이에는 상호 이해가 결여되어 있었고, 그들 사이의 불화는 때로 비극적인 격렬함에 이르기도 했다. 18세기는 특히 수도 생활의 건강한 발전이라는 면에서 좋지 못했다. 러시아의 '학문적인 수도자들'이 일종의 유형으로서 굳어진 것은 바로 이런 계몽이라는 세기의 환경 속에서였다. 19세기에 사정이 나아지기는 했지만, 지배적인 유형은 그대로 남았다. '학문적인 수도자들' 중에서 진실한 열성주의자들과 고행자들이 나오는 일은 드물었다. '학문적인 수도자들'의 운명에서 가장 큰 역설은 그들이 종무원장의 권력과 감독 아래서 형성되었다는 점이다. 19세기에 신학교들은 종무원장의 직접적인 관할 아래 있었고, 주교들의 선출 역시 세속 권력의 침해할 수 없는 특권에 속했기 때문이다. 그것은 수도 생활의 세속화뿐 아니라 관료화를 가져왔다. 이러한 '학문적인' 성직 계급은 금욕주의적인 원칙의 담지자들이 아니었다. '학문적인' 이들에게 수도 생활은 순종과 위업의 길이 되기를 멈추었고, 권력과 영예를 위한 길이 되었다. '백승'과 '흑승'의 불화는 옛 러시아정교회, 사회적인 질서의 가장 오염되고 위험한 상처들 중 하나였다.

2. 지난 세기 초부터 러시아에는 다시금 명상적인 수도

생활이 위대한 파이시 장로의 제자들의 영향 아래 되살아나기 시작했다. 그들은 러시아의 여러 수도원들과 암자들에 흩어져 거주하고 있었다. 수행과 장로 제도가 부활했다. 영적 삶의 추구는 러시아 사회와 민중의 다양한 계층을 휩쓸었다. 도스토옙스키의 '러시아의 수도사'는 우연적인 현상이 아니었다. 고골과 슬라브주의자들, 레온티예프, 도스토옙스키, 솔로비요프, 스트라호프,[92] 그리고 죽음 직전의 우수와 이해할 수 없는 고뇌 속에 있었던 톨스토이까지 옵티나 수도원을 찾은 것 역시 우연이 아니었다. 지난 세기 초는 러시아정교회의 운명에서 어떤 내적이고 비밀스러운 변화가 일어났던 시기였다. 사로프의 세라핌(преп. Серафим Саровский, 1759~1833)의 예언자적인 형상과 그의 고행, 그의 가르침이 그것을 증언한다. 세라핌의 형상에는 너무나 놀랍게 고행과 기쁨, 기도의 힘겨운 투쟁과 천국의 밝음, 이미 이 세상의 것이 아닌 빛의 변형이 결합되어 있다. 그는 교사라기보다는 증언자였다. 그의 형상과 그의 삶 자체가 이미 성령의 현상이었다. 그

---

92) 스트라호프(Страхов, 1828~1896) : 러시아의 사상가, 사회 평론가, 문예 비평가. 아폴론 그리고리예프와 도스토옙스키와 함께 《시대(Время)》를 창간했다. 러시아의 토양과 정교회로 돌아갈 것을 주장하는 '대지주의자'의 일원이었다.

의 경험 속에는 성령을 추구하는 고대의 전통이 되살아나고 있다. 세라핌의 성성(聖性)은 고대적이면서 동시에 현대적이었다. 세라핌은 내적으로 비잔틴 전통에 속한다. 그에게서 비잔틴 전통은 다시금 살아 있는 것이 된다.

3. 1870년대는 예리한 종교적 · 도덕적 각성의 시대였다. 이 시대에는 두 모티브가 결합된다. 그 첫째는 '정의의 추구', 주변 세계와 자기 자신의 삶 속의 불의에 대한 불안감이었다. 둘째는 어떤 '변화' 또는 '각성', 삶에서의 어떤 전환 내지는 급변에 대한 갈망이었다. 그것은 새로운 사회 계층에서 발전하게 된 새로운 경건주의의 파도였다. 남러시아의 슈툰디즘[93]은 종파주의자들이 모여 살았던 독일인 거류지들에서 일어난 유사한 운동의 직접적인 영향으로 매우 발전했다. 당시 모든 종파들에는 도덕적인 민감성, 양심의 높아진 감수성이 특징적이었다. 그것은 감상주의의 잔재, 삶의 비극적인 모순들과 갈등들을 선한 감정과 충고로 한 번에 해결하고자 하는 정신적인 유토피아의 새로운 발작이었다. 그와 유사한 운동이 사교계의 상층부에서도 관찰되었다. 특히 1870년대 레드스톡[94] 경

93) 슈툰디즘(штундизм) : 독일어 '슈툰데(Stunde, 시간)'에서 온 말로 19세기 후반 러시아와 우크라이나의 농민들 사이에 퍼졌던 프로테스탄트 종파의 하나. 후에 침례교와 합쳐졌다.

의 설교에 의해 페테르부르크에서 일어난 '사교계의 대분열'이 바로 그것이었다. 그것은 '변화' 또는 '부흥', 마음의 '각성', '믿음으로 의롭다 함', 선한 기독교적 감정의 고무에 대한 설교였다. 레드스톡 자신은 플리머스 형제단[95]에 매우 공감하고 있었다. 그는 귀용[96]과 슈틸링[97]을 높이 평가했으며, 종말론적인 예감을 가지고 있었다. 러시아의 레드스톡 추종자들은 1876년에 '종교적 · 도덕적인 독서 권장 협회'를 설립했다. 그것은 이전의 '성서협회'와 유사한 것이었으며, 박애주의 모티브가 매우 강하게 표현되었다. 처음에 새로운 설교자들은 교회로부터 공개적으로 분리되어 나가지 않았다. 그러나 매우 급속하게 종파주의적인 배타성이 자라나기 시작했으며, 다른 종파들과 연결되

---

94) 레드스톡(G. Redstock, 1833~1913) : 영국의 복음주의자로 1874년에 페테르부르크에서 행한 전도는 귀족들 사이에서 큰 성공을 거두었다.

95) 플리머스 형제단(Plymouth Brothers) : 1820년대 아일랜드 더블린에서 기독교 근본주의 성격의 복음주의 운동으로 태어난 개신교 종파.

96) 잔 마리 귀용(Jeanne-Marie Bouvier de la Motte-Guyon, 1648~1717) : 마담 귀용. 프랑스의 신비주의자이자 정적주의의 옹호자. 가톨릭교회는 그를 이단시했다.

97) 슈틸링(Jung-Stilling, 1740~1817) : 독일의 프로테스탄트 작가이자 신비주의자.

기 시작했다. 그러자 권력이 개입했다. '파시코프주의자들'[98]의 기도 모임은 금지되었으며, 중요한 활동가들은 1884년에 러시아에서 떠나야 했다. 그러한 역사적인 상황에서 레프 톨스토이(Лев Толстой)의 종교적인 위기와 '변화'는 고립된 개인적인 에피소드로 머물지 않았다. 《고백록》에서 톨스토이는 그의 삶을 전형적인 '변화'의 도식에 맞추어 이야기한다. 그는 '이교도'에서 '기독교인'이 되었고, 예술가 대신 설교자와 도덕주의자로 변했다. 물론 1870년대 말에 그는 매우 의미심장한 변화를 경험했다. 그것은 그에게 '종교적인 위기'였다. 그러나 그 격렬한 정신적인 진동은 아직 세계관의 변화를 의미하지 않았다. 톨스토이의 위기에는 두 가지 요소가 발견된다. 첫째는 어떤 의혹이다. 그것은 날카로운 반성의 발작, 인생의 의미, 개별적인 행동들의 의미에 대한 집요한, 자기에게 던지는 질문이다. 대답은 항상 똑같다. "진리는 인생이 무의미하다는 것이다." 둘째는 더 깊은 것으로 죽음에의 이끌림, 숙명적인 동경 같은 것이다. "나는 나를 죽음으로 이끌고 가는 날과 밤들을 볼 수 없다. 내가 볼 수 있는 것은 단

98) 파시코프주의자들(Пашковцы) : 레드스톡주의자로도 알려진 프로테스탄트 종파주의자들. 이콘과 성인 숭배, 성사, 성직자들의 위계를 부정했다.

하나, 하나의 진리뿐이다. 그 나머지는 모두 거짓이다. 그 하나의 진리는 죽음이다." 그것은 궁극적인 소멸 앞에서의 공포였다. 그것은 비존재의 공포요, 세계에 남겨짐 또는 버려짐에 대한 경악이었다. 그리고 그 위기는 이 세상에서 인간은 혼자가 아니라는 확신이 돌아올 때, 새로운 삶의 감각이 생겨날 때만 해결된다. 여기에는 어떤 만남도, 신비적인 경험도, 계시도 없었다. 갑자기 한 가지 사실만이 분명해졌을 뿐이다. "신을 안다는 것과 산다는 것은 같은 것이다. 신은 삶 자체다." 이것은 '가장 광포한 내재론'의 극한이다. 톨스토이의 경험에는 오직 모순만이 있다. 그에게는 분명 설교자 또는 도덕주의자의 기질이 있었다. 그러나 그에게는 종교적인 경험은 없었다. 톨스토이는 전혀 종교적이지 않았으며, 그는 종교적인 면에서는 재능이 없었다. 톨스토이의 가르침은 스토아주의자들을 연상시키는 일종의 도덕적인 실증주의다. 그는 자신의 '기독교적' 세계관을 복음서에서 끌어오지 않았다. 그는 자신의 견해를 가지고 복음서를 검토한다. 따라서 그는 그렇게도 쉽게 복음서를 축소하고 개조했던 것이다. 후기의 한 글에서 그는 매우 특징적인 방법을 제안한다. 각자가 손에 연필을 들고 복음서를 읽을 것, 이해되는 부분은 빨간색으로 표시를 하고 다른 부분은 파란색으로 표시할 것. 빨간색으로 표시된 부분만이 복음서에서 본질적인 것이다. 이 상식에 대한 순진한 신뢰는 놀라울 정도다. 톨스토이는 의심할 바 없이 영적인 삶을 추구했지만, 그것은 그의 절제되지 않은 이성주의에 의해 포기되고 왜곡된다. 톨스토이에게 신은 아버지가 아니라 주인이었다. 인간은 그의 일꾼이었다. 그것은 아들에서 노예로의 후퇴였다. 그에게는 죄의 감정도 없었다. 그는 교회도 부정했다. 그는 오직 상식과 홀로 남아 있기를 원했다. 교만과 자기 비하가 그에게서는 이상하게 결합되어 있었다.

4. 1880년대의 정치적 변동은 교회의 문제들에도 반영되었다. 새로운 '역흐름', 새로운 반동 정치의 이데올로그, '주된 반동주의자'는 신성 종무원의 종무원장이었던 포베도노스체프(К. П. Победоносцев, 1827~1907)였다. 그의 이름은 시대의 상징이다. 그는 나름대로 인민주의자요, 대지주의자였다. 이것이 그를 도스토옙스키와 가까워지게 했다. 그러나 도스토옙스키의 영감은 포베도노스체프에게 정신적으로 낯선 것이었다. 포베도노스체프는 가부장적인 관습의 항구성, 민중의 자연력의 지혜를 신봉했으며 개인적인 창의성은 신뢰하지 않았다. 그는 민중 속에 용해되어 '기도하는 민중의 무리 속에서 사라지고' 싶어 했다. 그 기도하는 무리 속에 있는 너무나 많은 이들이

교회 예배의 언어를 이해하지 못한다는 것은 그에게 전혀 문제가 되지 않았다. "민중은 교회 예배의 언어를 전혀 이해하지 못한다. 그러나 진리는 이성이 아닌 '모든 이론적인 형식과 이성의 결론들을 뛰어넘는' 믿음으로 깨닫는 것이다." 그는 믿음에 대해 항상 교회의 믿음보다는 민중의 믿음에 대해 말했다. 교리적인 믿음이나 가르침이 아닌, '단순한 믿음', 즉 감각 또는 감정, 본능과 같은 것이다. 교회는 그에게 무엇보다도 '살아 있는, 전(全) 민중적인 기관'이었다. 그는 정교회 전통에서 그것의 진짜 강한 측면인 고행의 담대함이 아닌 단지 익숙한 형식들만을 소중히 여겼다. 그는 참된 것보다는 오래되고 뿌리가 되는 것을 더 소중히 생각했다.

포베도노스체프는 성직자들이 사회적으로나 문화적으로 영향을 미치는 것을 원치 않았다. 따라서 그는 정치적인 동기에서뿐 아니라 정부의 최고 주권을 수호하기 위해서 감독들을 선출하는 데 매우 신중을 기했다. 그는 '사람들을 사회적 삶의 질서에 엄격하게 복종하도록 하는' 반동 기구의 역할을 충실히 해냈다. 그는 민중의 종교적인 각성을 원하지 않았으며 교회의 갱신을 원하지도 않았다. 그는 종교적인 계몽이 프로테스탄티즘을 불러올 것을 두려워했다. 그는 모든 행동과 운동을 경계했다. 반동적인 무위(無爲)가 그에게는 가장 믿을 만해 보였다. 그는 민중의 복리를 위해서 교회에 권력을 행사하고자 했다. 그는 교회의 신비한 실제를 전혀 느끼지 못했다. 그는 비(非)슬라브인들에게만 비관용적인 것이 아니었다. 그는 '지배적인' 교회 안에서 더 전횡을 휘둘렀다. 그는 자기 주변에 얼음과 같은 평온의 끔찍한 환상을 만들어 내는 데 거의 성공했다. 물론 교회의 모든 것이 그의 정력적인 통제에 굴복한 것은 아니었다. 그러나 '정교회 신앙 부처'에서 종무원장의 권력은 그의 집권기에 더 증대되었다.

포베도노스체프는 신앙에 대해서 논의하거나 말하는 것을 원하지 않았다. 그는 염세주의자였을 뿐 아니라 회의주의자였다. 그는 러시아의 성직자들에게 '신학'은 '러시아정교회', 즉 러시아의 '단순한' 민중 신앙의 본질에 속하지 않는다는 생각을 불어넣는 데 성공했다. 이 '단순한 민중'은 어떤 신학 없이도 '구원받을' 것이기 때문이다. 신앙은 이런 식으로 무책임한 감정과 경건한 기분의 수준으로 내려갔다. 포베도노스체프는 겸손과 이해 불가능이라는 구실로 믿는 자들의 주의를 교리로부터 돌렸다. 어떻게 연약한 이성이 그것을 깨달을 수 있겠는가! 그러나 겸손은 너무나 자주 무관심 또는 심지어 불신앙을 덮어 줄 뿐이었다. 이런 이중적인 반그노시스주의의 결과는 신학적인 혼돈과 도덕주의의 시험이었다. 가슴은 교리에서 양분을 얻기를 중단했으며, 교리는 영적으로 불필요한 것이 되어 버렸다. 그리하여 1880년대부터 우리 교회의 의식(意識)에는 새로운 도덕주의, 감상주의, 경건주의의 물결이 일어나게 되었다. 합리주의의 과도함을 폭로하는 것은 신앙의 가르침에서도 위험한 것으로 치부되었다. 무엇보다 선한 감정과 행동이 높게 평가되었다. 신앙의 가르침에서 너무나 많은 것들이 불필요한 해석으로 여겨지기 시작했다.

5. 1880년대는 사회적인 피곤과 압박의 시대, '작은 일들'과 '냉담해진 영혼들'의 시대였을 뿐 아니라 이미 시작되고 있는 신비적인 우수와 불안의 시대였다. 그것은 때때로 병적이고 무기력한 신앙으로의 비밀스러운 복귀였다. 1880년대에는 솔로비요프의 종교적인 사회 평론이 매우 특징적이었다. 그것은 종종 지나치게 신랄하고 불공정하고 영적으로 근시안적이었지만 항상 정의에 대한 거짓 없는 관심에 의해 촉구된 것이었다. 페테르부르크의 학구적인 수도사들 가운데 후에 대주교가 된 안토니 흐라포비츠키(Антоний Храповицкий, 1864~1936)가 이 세대에 속한다. 그는 세속 학교에서 신학교에 왔을 때 종교적인 슬라브주의의 분위기와 도스토옙스키의 영향을 받고 있

었다. 그는 이미 사제의 길을 가겠다고 결심한 상태였다. 그의 지배적인 관심은 철학적인 것이었다. 그는 신앙과 철학을 결합시키려는 과제를 안고 있었다. 매우 젊은 나이에 안토니는 모스크바 신학교의 학장으로 임명되었다. 그에게는 교회의 활동과 영향력에 대한 통일된 구상과 계획이 있었다. 교회의 목회적 소명에 대해 그는 무엇보다 먼저 가르쳤다. 그의 목회적 이상에는 구약의 예언서들의 영향이 강하게 느껴진다. 사제는 예언자 또는 '양심의 지도자'였다. 교회는 자신의 목회에서 민중의 양심을 세워야 한다. 여기에는 오직 하나의 길만이 있는데, 그것은 동정적인 사랑, 영적 상호 관계의 길이다. 이것은 사제가 사람들과 자신을 '영적으로 동일시'할 수 있는 능력이다. 마치 개인적인 '나'가 사라지고 항상 어디서나 '우리'로 대체되는 것과 같다. 목회적인 영향력은 영혼들의 비밀스러운 교제에 기초한다. 사제의 의지는 타인의 자유에, 그리고 자유 속에서 영향을 미친다. 그런 '영혼들의 비밀스러운 교제'의 가능성은 교회의 실제성 속에 있다. 안토니는 심리학에서 존재론으로 이동한다. 상호 교제는 경험 속에서 주어진다. "그렇다면 어떤 법칙에 의해서 한 존재의 영혼의 삶이 다른 영혼으로 옮겨 가 그와 결합될 수 있는가?" 인간 존재는 정말 하나가 다른 것으로부터 분리되어 있는

가? "심리학 수업에서 말하는 완전히 고립된 '나 아닌' 존재와 완전히 대립된 인간적인 '나'는 상당한 자기기만이다." 안토니는 인간의 '하나의 본성'은 추상적인 개념이 아니라 '실제적인 본질'이라고 주장했다. 여기에는 무엇보다 먼저 양심, 그리고 어두운 정욕이 해당된다. 지금 이 하나의 본성은 깨어지고 왜곡되었다. 그것은 교회 안에서 회복되고 있으며, '미래의 삶에서 이 단일성은 더 강하게 표현될 것이다'. 그것은 일종의 종(種)의 단일성이다. 타락으로 약화된 이 단일성은 다시금 새로운 아담 안에서 나타나고 회복될 것이다. 그 안에서 사람들은 다시 서로서로에게 열리게 될 것이다. 목회는 그리스도의 몸의 이러한 비밀스러운 단일성을 세워 나가는 것이다.

안토니에게는 이 세상에 속하지 않은 교회의 내적 독립성에 대한 날카로운 감각이 있었다. 그는 모든 형태의 교회 활동을 세속적인 삶과 완전히 구별했다. 사제는 어떤 방법으로든 내적 또는 정신적 세속화와 형식주의, 율법주의에 전염되는 것을 경계해야 하며, 영적 강제를 더욱더 피해야만 한다. 말의 진리로 행해야지 자신의 권위로 양심을 압박해서는 안 된다. 하나님의 나라는 영적인 부흥의 힘으로만 세워지는 것이다. 이런 입장은 안토니로 하여금 국가와 이론적인 충돌을 하게끔 이끌었다. 러시아의 교회는 국가에 예속되어 있다. 종무원은 '신성한 정교회에 낯선, 순전히 교회를 약화시키고 썩게 하기 위해 고안된' 기구다. 안토니는 교회의 사회적인 사명, 즉 하나님의 나라를 세우는 것을 믿었다. 그러나 그는 너무 지나치게 교회와 세상을 분리했다. 그는 교회의 개입을 세속화라 여기고 두려워했으며 금욕주의적 비(非)개입은 세상 앞에서 실제적으로 물러나는 것을 의미했다. 그러나 여기에 안토니의 가장 큰 약점이 있는 것은 아니었다. 더 중요한 것은 지나친 도덕주의, 도덕주의적인 심리주의였다. 기독교는 '양심의 종교'라는 끊임없는 강조는 사람을 지치게 한다. 또다시 목회적인 요소에 의해 성사(聖事)는 거의 묻힌다. 교회의 삶과 목회에서 성례전(聖禮典)적인 요소는 완전히 닫힌 채로 남는다. 엄밀히 말해서, 이것은 교회로 전이된 '사회봉사', 활동적인 박애주의의 휴머니즘적인 이상이다. 그는 성사(聖事)에 대해서는 거의 말하지 않는다. 그는 기도조차도 정신적인 고독을 극복하기 위한 것으로서, 심리적으로 이해한다.

6. 러시아 신학의 역사에는 러시아 발전의 보편적인 모순이 날카롭게 드러난다. 두 가지 경향, 즉 역사주의와 도덕주의가 다시금 분리되고 충돌한다. 그것은 이미 1850년대부터 분명하게 드러나기 시작했다. 러시아 신학에서 역

사주의 경향은 매우 강하고 명료했다. 그러나 그와 동시에 '추상적인 도덕주의'의 잔재가 나타나기 시작했다. 때때로 지나치게 신경질적이고 병적인 특성을 보이는 도덕적 감수성이 고조되었다. 가장 복잡한 것은 심리주의의 위험이었다. 그것은 격렬한 객관적 현실의 공간으로부터 감상적인 가슴의 온실로 도망치는 것과 같았다. 러시아 신학의 도덕주의는 퇴폐적인 운동의 징후들을 지니고 있었다. 사회적 · 정치적으로 경악할 만한 상황 속에서 이런 경향은 특히 불길한 것이었다. 심리적인 유혹 속에서 교회성의 감정은 와해되고 약화되었다. 교회의 신비한 현실은 점점 설득력을 잃어 갔다. 신학에서의 '도덕주의' 또는 '도덕주의적인 일원론'은 교회 문화, 교회의 문화성 자체의 위기를 의미했다. 너무나 많은 사람들이 아무런 증거도 없이, 교회는 문화를 배제하며 교회성은 문화 밖에 위치해야 한다고 믿어 버렸다. 그러나 이런 강요된 교회의 '비문화성'이 갖는 심각성은 '세속적인' 문화를 금지한 데 있는 것이 아니라 교회 문화, 교회 내의 문화 자체를 거부한 데 있었다. 교회의 문화적 수준이 낮아짐에 따라 교회의 영적인, 역사적인 영향력도 약화되었다. 이것은 위기이자 발작이었다. 지난 세기의 후반기는 러시아 신학의 역사에서 결코 무기력과 쇠퇴의 시기였다고 불릴 수 없다. 그 시기에 매우 많은 것들이 이루어졌다. 사건들은 상당히 빠르게 진행되었다. 그 시기는 혼돈스럽고 분열되고 불안했다. 잠자고 있던 시기가 아니라 반대로 고조되고 흥분된 시기였다.

VIII. 전야(前夜)

1. 러시아 역사에서 '세기말'은 경계와 시작, 의식의 분수령을 의미한다. 이 시기에는 삶의 감각 자체가 변한다. 그때는 많은 사람들이 갑작스럽게 인간은 형이상학적인 존재라는 것을 알게 된다. 인간은 자기 자신 속에서 갑자기 예기치 않았던 깊이, 종종 어두운 심연을 발견한다. 그리고 세계는 다른 것으로 보이기 시작한다. 왜냐하면 시각이 예리해지기 때문이다. 한때 알렉산드르 시대에 그러했듯이 러시아 사회에서 종교적 욕구가 새롭게 각성되었다. 이 각성은 다시금 병적이고 고통스러운 것이었다. 종교는 이제 사상뿐 아니라 삶의 주제가 되었다. 이제 사람들은 더 이상 종교적인 세계관만을 찾지 않았다. 믿음의 갈망이 불타오르기 시작했던 것이다. '영적인 삶', 자신의 영혼에 질서를 부여하고자 하는 욕구가 생겨났다. 그리고 이 모든 것은 갑자기 매우 진지한 것이 되었다. 소수의 사람들은 교회 안에서 자기 자신을 발견했다. 그리고 너무나 많은 사람들은 교회 밖에 머물러 있었다. 다른 이들은 굽은 길을 따라갔으며, 좋지 않은 경험에 빠져들었다. 그것은 추구와 유혹이었다. 길들은 이상하게 교차하고 갈라

졌다. 그리고 무엇보다도 많은 모순들이 있었다. 1890년대에는 톨스토이와 니체의 영향력이 똑같이 특징적이었는데, 니체의 영향력이 좀 더 강력했다. 1890년대에 마르크스주의는 세계관과 철학적 시스템으로서 경험되었다. 당시의 '마르크스주의자들'과 '인민주의자들'의 논쟁은 두 철학 이론, 두 세계관의 충돌이었다. 그것은 도덕주의에 대항해 일어난 새로운 형이상학의 반발이었다. 마르크스주의는 존재론, 현실, '존재'로의 실질적인 회귀였다. 사회적인 과정에서의 자유와 필연성의 문제가 제기되었는데, 이것은 불가피하게 형이상학으로 귀착되었다. 사람들은 마르크스로부터 칸트와 헤겔로, 마르크스주의로부터 이상주의로 '돌아가기' 시작했다. 인식론적 비판은 더 이상 교조적인 유물론을 불가능한 것으로 만들었다. 마르크스주의 안에는 견고한 종교적인 모티브들이 있었다. 무엇보다 먼저 유토피아적인 메시아주의, 그리고 사회적인 결속의 감정이 그것이었다. 바로 마르크스주의가 우리나라에서 종교적인 추구를 정교회 쪽으로 향하도록 영향을 주었다고 말할 수 있다. 불가코프,[99] 베르댜예프, 프란크,[100]

---

99) 불가코프(С. Булгаков, 1871~1944) : 러시아의 종교철학자이자 정교회 사제. 망명 철학자로 파리에 성 세르기 정교회 신학교를 설립하는 데 공헌했으며, 그곳에서 말년까지 신학 교수로 일했다. 대표 저서로 《꺼지

스트루베[101] 등이 마르크스주의에서 전향했다.

1890년대부터 러시아 시의 르네상스가 시작되었다. 그것은 단지 문학적이거나 시적인 운동이 아니었다. 다시금 시와 문학은 삶에서 중대한 의미를 갖게 되었다. 그것은 러시아 의식(意識)에서 낭만주의의 잔재였다. 러시아 상징주의는 낡고 지루한 세계의 부정, 거부, 폭로이자 항거, 반항으로 시작되었다. 니체와 프랑스 상징주의의 모티브들이 결합되었다. 그 운동 전체에 특징적인 것은 '선악의 피안'으로 넘어가고자 하는 노력이었다. 다른 말로 하자면, 미학으로 윤리를 극복하고자 하는 노력이었다. 그것은 이전 세대의 익숙한 도덕주의에 대한 새로운 안티테제였다. 그것은 '재평가'라기보다는 '모든 가치들'의 직접적인 전복이었다. 1890년대의 시에는 우울하고 창백한 어조, '황혼과 밤의 노래들'이 지배한다. 그러나 이러한 피곤

지 않는 빛(Свет Невечерний)》이 있다.

100) 프랑크(С. Франк, 1877~1950) : 러시아의 종교철학자이자 심리학자. 솔로비요프의 영향으로 합리적 사상과 종교적 신앙을 기독교 플라톤주의의 전통과 결합시키고자 했다. 대표 저작으로《삶의 의미(Смысл жизни)》가 있다.

101) 스트루베(П. Струве, 1870~1919) : 러시아의 경제학자이자 사상가. 혁명 후 망명해 파리, 프라하, 베오그라드 등지에서 광범위한 정치적 · 학문적 활동을 펼쳤다.

함 속에서 새로운 깊이가 열린다. 들리지 않는, 둔중한, 기어가는 듯한 우수가 느껴진다. 이 우수는 이미 종교적인 것이다. 그것은 비밀스러운 신앙의 예감이자 갈망이며, '이제껏 없었던 봄[春]에 대한 우수', 이제껏 없었던 기적에 대한 우수였다. 이 우수, 그리고 발작은 결코 심리적으로, 사회적으로, 부르주아적 관습의 와해로 설명할 수 없다. 여기에는 이미 희미한 종교적인 우수가 감지된다. 그러나 놀람은 진지한 것이었다. 그것은 우연, 운명, 숙명, 존재의 맹목적이고 어두운 힘 앞에서의 놀람이었다. 이 모든 것은 '세기의 경계'에 특징적인 예술의 주제들이었다. 세계의 무의미와 환영(幻影), 그 안에서 인간의 끔찍한 버려짐, 고독이 드러났다. 아직은 출구가 없었다. 오직 우수와 충동, 추구만이 있었다. 이것은 미학주의와 니체를 통과한 신앙으로의 특별한 회귀의 길이었다. 믿음 자체에서도 아직은 이 미학주의의 잔재, 예술과 문학성의 잔재가 남아 있었다. 이전에 사람들은 철학 또는 도덕을 통해서 신앙으로 회귀했다. 예술을 통한 길은 새로운 것이었다. 메레시콥스키[102]의 창작은 '세기말'에 문학에서 종교로 이행

---

102) 메레시콥스키(Д. Мережковский, 1865~1941) : 러시아 상징주의 시인이자 종교철학자. 아내인 지나이다 기피우스(Зинаида Гиппиус)와 더불어 러시아 은세기의 상징주의를 확립한 시인이다. 삼부작 소

하는 이 움직임을 가장 특징적으로 보여 준다.

2. 1901~1903년의 페테르부르크 '종교철학협회'는 러시아 사회사에서 매우 예외적이었다. 기도와 예언 같은 연설이 행해졌으며 모든 것이 가능할 것만 같은 열띤 분위기가 형성되었다. 물론 그 '역사적인 교회'가 세상과 문화와 만난 것은 러시아에서조차 최초는 아니었다. 그러나 그것은 허무주의와 거부, 망각의 격렬한 경험 후에 인텔리겐치아와 교회의 새로운 만남이었다. 그것은 '1860년대'의 극복, 신앙에로의 회귀였다. '협회'의 목적에는 불가피하게 이중성이 내재해 있었다. 협회의 과제에 대해 양자는 서로 다르게 이해했던 것이다. '영적 권력'은 그것을 선교 목적으로 이용하고자 했다. 지식인들은 교회로부터 새로운 행동, 새로운 계시, 새로운 약속을 기대했다. 계시록의 모티브들이 거의 모든 회합에서 날카롭게 울려 퍼졌다. 협회는 곧바로 유명해졌다. 그러나 그것은 실질적인 성과를 가져오지 못했다. 협회는 권력의 개입으로 해체되었다. "교회와 세상의 연합은 이루어지지 않았다." 그러나 '협회'가 성공하지 못했다고 말해서는 안 된다. 왜냐하면

설《그리스도와 적그리스도》를 비롯해, 문학평론 · 시 · 드라마 등 다양한 영역에서 많은 작품을 남겼다.

그것이 목적했던 만남이 이루어졌기 때문이다. 그리고 바로 이 점에 그것의 역사적 중요성이 있다. 협회는 총 22회 이루어졌다. 최초의 회합은 1901년 11월에, 그리고 마지막 회합은 1903년 3월에 있었다. 모든 논쟁과 토론 속에서 하나의 중심적이고 긴박한 문제가 제기되었다. 어떻게 기독교를 다시금 삶에서 영향력 있게 할 것인가? 바로 여기에 종교적 추구의 모든 의미가 담겨 있었다. 이런 점에서 '협회'에서 최초로 낭독된 발표는 의미심장한 것이었다. 그것은 B. A. 테르나프체프(Тернавцев)의 〈위대한 과제 앞의 러시아정교회〉라는 제목의 발표였다. "모든 기독교는 이제 설교가 아니라 행동으로써 교회에는 단지 무덤 뒤의 이상만이 있는 것이 아니라는 것을 보여 주어야 할 때가 도래했다. 기독교에 감추어져 있는 지상에 대한 소중한 진리를 열어 보일 때가 된 것이다. 그것은 기독교 국가에 대한 가르침과 설교다. 세속적 권력의 종교적 사명, 그리스도 안에서의 사회적 구원, 이제 이것에 대해 증언해야 할 때인 것이다." 엄격하게 말하자면, 그것은 단지 좀 더 날카롭게 제기된 솔로비요프의 주제였다. 교회는 하늘의 것을 설교하지만, 지상에 대해서는 무관심하다. 인텔리겐치아는 온통 지상의 것, 사회적인 일에만 전념하고 있다. 이제 교회는 그 일을 종교적으로 정당화하고 거기에 신성한 의미를 부여해 주어야 한다. “나는 새로운 계시를 믿는다. 나는 그것을 기다린다”라고 테르나프체프는 말했다. “자신의 예언자들을 통해 신이 약속한 의로운 땅에 대한 믿음, 바로 이 비밀이 이제 열릴 것이다.” 그러나 지상에 대한 이 계시는 인간에 대한 새로운 계시이기도 했다. 종교적인 사회성의 이 테마는 협회의 가장 큰 특징으로 남아 있었다. 그다음으로는 교리적인 발전에 대한 문제가 논의되었다. 마지막 두 번의 회합은 성직 제도에 대한 것이었다. 논쟁을 통해 ‘발전’은 결코 ‘근본적인 변화’를 의미하는 것이 아니라는 것이 지적되었다. “교리적인 발전은 가능할 뿐만 아니라 마땅한 것이다. 신이 준 객관적인 진리는 인간이 체험했고 체험하고 있으며 체험할 것이다. 교리적인 정식의 발전은 반드시 있어야 한다. 그렇지 않으면 인간의 역사는 완전히 없어져 버리고 말 것이다. 이성의 경험을 통해 우리에게 주어진 진리를 점점 더 밝혀내야 하고, 그것을 새로운 표현 속에 구현시켜야 한다. 그런 새로운 것이 교회의 삶과 종교적 의식의 참된 삶에 대해 증언해 줄 것이다. 이러한 교리들의 발전은 우리의 전 삶의 발전, 그리스도의 형상을 닮은 인간의 발전이다.” 논쟁 가운데서 모든 교리와 교리주의의 직접적인 반대자들의 입장이 확인되었다. 물론 논쟁은 종결되지 않은 채 남았다. 협회에 참석한 모든 '교회 인물들'을 교회의 이성과 가르침, 전승의 충실하고 정확한 대표자들로 간주해서는 안 된다. 그들 사이에도 일치된 견해는 없었다. 그들 중에 진정한 의미의 신학자라고 할 수 있는 사람들은 소수였다. 인텔리겐치아는 개혁을 기대하고 교회로 돌아왔다. 바로 이 점에 매우 심각한 위험이 도사리고 있었다. 바로 이 지점에서 '새로운 종교적 의식'이 터져 나왔던 것이다. 그것은 오래되고 전형적인 유토피아적 유혹, 역사에 대한 무감각이 새로운 형태를 띤 것이었다. 그러나 교회에서는 새로운 고양(高揚)이 시작되어야 했다. 그것은 단지 문화에 대한 목회적인 관심의 각성일 뿐 아니라 신학적 문화와 문화성에 대한 영적 관심이어야 했다. 삶 자체, 역사의 논리, 사건들의 논리가 그것을 요구하고 있었다.

3. 세기 초의 종교적 변화는 곧바로 철학적 창작에 반영되었다. 독특한 철학적 고백과 행위의 형태로서 종교철학이 생겨났다. 그것은 형이상학이 종교적 원천으로 돌아가는 것이었다. 그것은 사상이 종교에 의해 힘을 얻고 강화될 필요성을 말해 주는 것이었다. 이러한 사상의 변동은 솔로비요프의 추종자들인 '종교철학자들'에게서만 느껴지지 않았다. 또한 종교적 테마의 제기와 선택에서만 나타난 것도 아니었다. 당시 철학자들의 심리 자체가 종

교적으로 되었다. 심지어 러시아의 신칸트주의도 독특한 의미를 가지고 있었다. 인식론적인 비판은 영적 삶의 방법, 즉 사상의 방법이 아니라 삶의 방법이 된 것 같았다. 여기서 관심의 초점은 철학적 의식의 정화와 교육에 있었다. 여기서 다시 기독교 금욕주의의 문제가 되풀이되었다. 정열과의 투쟁, 인상에서 오는 혼란과의 투쟁, 법칙과 법에 대한 충실성, 최상의 명상으로 나아감, 무욕의 획득. 오직 신칸트주의만이 이성과 법의 비인격적인 형식 속에서 영적인 담금질과 강화를 추구했다. 그것이 추구하는 것은 종교적인 필요였다. 다른 철학적 영향들도 종교적으로 변형되었다. 후설의 현상학과 위대한 이상주의 시스템의 부흥이 그것이었다. 전쟁 이전의 러시아의 '신서구주의'는 비록 은폐되고 길을 잃은 상태였지만 바로 이런 종교적인 파토스에 의해 강하게 지배되고 있었다. 종교적인 문제들은 곧바로 많은 이들에게 공개되었다. 독일 낭만주의의 종교성, 독일 이상주의의 형이상학, 뵈메[103]와 에크

---

103) 야코프 뵈메(Jakob Böhme, 1575~1624) : 독일의 신비주의자. 때로는 이원론적이고 범신론적인 복잡한 우주론을 개발했다. 제자들 가운데는 뉴턴, 윌리엄 블레이크(William Blake), 헤겔, 셸링, 쇼펜하우어 등이 있었다. 러시아에서 그의 영향은 18세기 말과 19세기에 두드러지게 나타났다.

하르트[104], 바그너와 니체를 통해 종교적 형이상학으로 향하는 새로운 길이 생겨났다. 그러나 무엇보다 중요한 것은 여기에 세계관의 추구뿐만이 아니라 친밀한 영적 법칙, 삶의 리듬, 금욕과 체험에 대한 더 큰 요구가 나타나고 있다는 것이다. 여기서부터 특정한 실천과 길로서의 인지학(антропософия)에 몰두하기 시작했다. 그노시스주의의 이 심리적 잔재는 러시아 인텔리겐치아의 최근 종교적 발전에서 매우 특징적이고 시사하는 바가 크다. 당시의 철학적 · 종교적 기분과 몰두는 안드레이 벨리(Андрей Белый, 1880～1935)의 창작과 개인적 운명, 그리고 그의 창조적 상상력의 이미지들에 가장 잘 나타나 있다. 여기에서 '러시아의 유혹'이 가장 현저하게 드러난다. 인간 영혼, 러시아 영혼의 불안한 자연적 힘이 드러나며, 그것을 따라 어두운 영혼이 배회한다. 사상의 문제뿐 아니라 인간의 살아 있는 운명이 해결되고 있다는 것이 분명해진다. 철학은 종교적인 과제들을 해결해야만 했다. 이러한 종교적 과제로의 회귀는 세계관에서의 종교적 변화보다

---

104) 에크하르트(Johannes Eckhart, 1260?～1327) : 독일의 가톨릭 신비주의 사상가. 도미니크회에 가입해 프란체스코회와의 논쟁에 가담했다. 에크하르트는 신을 이성으로도 감각으로도 파악할 수 없는 무한 자체로 파악해 신에게서마저 벗어나는 완전한 자유를 갈구했다.

더 중요한 것이었다.

종교는 철학에서뿐 아니라 사회적 의식에서 더욱 '심리주의'와 투쟁해야 했다. 여기서 투쟁은 문화와 종교 문화의 옹호를 위한 것이 되었다. 1909년에 나온 유명한 선집 《베히》[105]의 역사적인 의의가 여기에 있다. 여기에는 많은 쓰라림과 폭로, 환멸과 생생한 아픔이 느껴진다. 그러나 피로한 기색은 없었다. 이 책은 매우 격렬한 어조를 띠었다. 그러나 그것은 폭로가 아닌 호소를 위한 것이었다. 가장 격렬한 폭로 속에서도 진실한 우려만이 나타나 있다. 폭로 자체는 호소, 행동과 창조에의 호소가 된다. 참여자들의 노선은 매우 빠르고 격하게 갈라졌다. 그들의 만남과 참여는 우연적이거나 인위적인 것으로 보일 수도 있었다. 그러나 그것이 그 의의를 축소시키지는 않는다. 중요한 두 사상, 즉 개인적인 위업과 절대적인 가치들의 파토스가 긴밀히 연결되었다. 《베히》는 징후일 뿐 결코 결론이 아니었다. 그것은 아직은 전조이자 호소일 뿐 심지어 강령도 아니었다. 곧 선집의 개별 참여자들에게서 매우 다양한 강령들이 나왔다. 불가코프의 교회성과 성직

105) 《베히(Вехи)》: 1905년 혁명에 환멸을 느낀 러시아의 자유주의 인텔리겐치아들의 논문 모음집.

제도를 게르센존의 예리한 역사적 허무주의와 비교해 보는 것으로 충분할 것이다. 당시에는 삶의 힘이 어떤 개별적인 성취보다 더 중요했다. "러시아 문화 내부에서 종교적인 동요가 일어났다." 베르댜예프의 이 말은 당시의 가장 중요한 특성을 언급한 것이었다. 베르댜예프는 그 과정의 가장 큰 위험도 지적했다. "러시아의 종교적 르네상스의 약점은 광범위한 사회적 지지 기반의 부재에 있다. 종교적 르네상스는 문화 엘리트 층에서 일어났다." 그러나 영적인 변화가 달리 어떻게 시작될 수 있겠는가? 역사는 항상 소수에 의해 창조되는 것이다. 정신적 · 역사적 가치가 다수에 의해 창조되는 일은 없다. 따라서 항상 문화가 사회적으로 쪼개지는 위험성이 있는 것이다. 더 위험한 것은 역사적인 기반의 협소함이다. 역사적인 감각의 생생함은 아직 역사적인 전망의 협소함을 보상하지 못한다. 우리의 종교적인 '부흥'은 사실 독일 이상주의와 신비주의의 경험으로 회귀한 것에 지나지 않는다. 어떤 이들은 셸링과 헤겔에게, 어떤 이들은 야코프 뵈메에게, 다른 이들은 괴테에게로 돌아갔다. 그리고 점증하는 솔로비요프의 영향은 단지 이런 독일 철학에의 매료를 강화시켜 줄 뿐이었다. 교회 역사의 실제적인 광대함은 거의 알려지지 않은 채 남아 있었다. 고대 교회의 역사는 독일 역사학자의 묘사와 해설에서만 알 수 있었다. 심지어 고대 철학도 독일 낭만주의를 매개로 해 이해되었다. 역사적인 감각 자체에도 너무나 예리한 미학주의와 상징주의의 반향이 남아 있었다. 현대 러시아 종교철학을 무엇인가 매우 독특한 러시아 정신의 탄생으로 말하는 경향이 있다. 그것은 전혀 그렇지 않다. 반대로, 신학을 '종교철학'으로 대체한 것은 모든 서구의 낭만주의, 특히 독일 낭만주의에 특징적인 것이었다. 이러한 현상은 낭만주의 시대에 세속화된 가톨릭 신학에 잘 나타나 있다. 러시아의 발전에서 이것은 가장 서구주의적인 에피소드들 가운데 하나다. 베르댜예프가 무엇보다도 이런 독일 철학의 신비주의적 원천으로부터 정신적 양식을 공급받았으며, 숙명적인 독일 철학의 고리를 끊을 수 없었다는 것은 매우 특징적인 것이다.

전쟁 이전의 10년 동안(1907년부터) 솔로비요프의 이름을 딴 종교철학협회에 결집된 모스크바 종교철학자들의 그룹은 매우 특징적이다. 철학 문제들에 대한 종교적 접근이 이 협회를 이전의 심리학 협회와 구분지어 주었다. 심리학 협회에서도 역시 똑같은 사람들이 참여해 종교적 주제들을 논의했다. 여기서 마르크스주의에서 전향한 불가코프, 베르댜예프, 에른,[106] 스베니츠키,[107] 플로렌스키(П. А. Флоренский) 그리고 누구보다도 솔로비요프의 전통에 충실했던 이전 세대의 대표자인 트루베츠코이[108]를 언급할 필요가 있다. 종교철학협회에는 안드레이 벨리와 다른 모스크바의 철학자들과 작가들도 참여했다. 모스크바의 종교철학협회는 종교적 살롱, 또는 종교적 · 미학적 클럽과 같은 곳이었다. 이 그룹에서 신학적 주제로 옮겨 간 사람은 플로렌스키와 불가코프밖에 없었다. 그들은 개인적으로 친분이 있었고, 둘 다 성직을 받았다. 불가코프가 신학으로 이동한 것은 이미 혁명기에 나온 그의 책 《꺼지지 않는 빛》(1917)에서였다. 불가코프의 영적인 발전에서 솔로비요프의 영향력은 결정적이었다. 거기에서 그의 모든 시스템의 주된 테마이자 도식인 소피아에 대한 교의가 비롯되었다. 그곳에서 그는 플로렌스키를 만난다. 불가코프에게 특징적인 종교 또는 교회 문화의 문제, 역사 속에서 기독교와 관련된 문제는 솔로비요프

---

106) 에른(В. Ф. Эрн, 1882～1917) : 종교 사상가, 철학사가. 스코보로다의 전기를 썼다.

107) 스베니츠키(В. Свеницкий, 1882～1931) : 정교회 사제이자 신학자.

108) 트루베츠코이(Е. Трубецкой, 1863～1920) : 종교철학자이자 사회 평론가. 솔로비요프가 제창한 '전일성' 철학의 대표자 가운데 한 사람으로 솔로비요프의 철학을 비판적으로 재검토해 신인성의 철학을 체계적으로 구축하고자 노력했다.

와 연관되어 있다. 그는 솔로비요프로부터 셸링과 신플라톤주의로 가는 길을 발견했으며, 동시에 교부 문학, 위대한 교회의 경험, 역사적인 교회, 전승과 교부들의 교회로 돌아가는 길도 발견했다. 독일 철학의 권위는 불가코프에게서 매우 강하게 느껴진다. 경제 철학에서는 셸링의 강한 영향이, 종교철학적 문제의 제기에서는 칸트적인 선험주의의 영향이 감지된다. 그러나 불가코프는 종교철학에서 신학으로 돌아왔다. 이 점에 그의 역사적인 중요성이 놓여 있다.

전쟁 이전 시기의 가장 주목할 만한 기념비적인 작품은 플로렌스키의 《진리의 기둥과 터(Столп и утверждение истины)》(1914)였다. 그 책에는 종교적 · 철학적 운동의 모든 이중성과 불안정성이 그 어느 곳에서보다 날카롭게 나타나 있다. 플로렌스키의 책은 의도적으로 주관적이다. 그것이 우정 어린 철학 서신의 형식으로 쓰인 것은 우연이 아니다. 그것은 물론 문학적인 기법이었다. 거기에는 친밀감의 파토스, 심리적 밀교주의의 파토스가 지나치게 강하다. 플로렌스키는 교회성과 소보르노스티에 대해 많은 말을 하지만 그의 책에는 소보르노스티가 거의 없다. 그것은 스스로 고립된 작가의 책이다. 그의 사유와 판단에서는 항상 고독이 느껴진다. 플로렌스키는 역사를 느끼지 못한다. 그는 역사 속에 살고 있지 않으며 그에게는 역사적 전망이라는 것이 전혀 없다. 그는 항상 자기를 근거로 해 말한다. 그는 객관적이려는 순간에 주관적으로 된다. 이 점에 그의 이중성이 있다. 개인적인 선별로 이루어진 책을 그는 공통적인 경험의 고백이라고 사칭한다. 그의 책은 심리적인 기록으로서 중요하다. 그 안에는 흥미로운 많은 것, 성공적인 장들과 일련의 사상들이 있다. 그러나 플로렌스키는 문학적 고백보다 더한 것을 줄 수는 없었다. 그는 정교회의 깊은 곳에서 출발하지 않는다. 정교회 세계에서 그는 타국인으로 남아 있었다. 그 내적인 의미에서 그의 책은 매우 서구적인 책이다. 정교회 전승의 문제보다 서구 문화의 낭만적 비극이 그에게는 더 가깝고 잘 이해되었다. 그는 자신의 저작에서 기독교를 지나 플라톤주의와 고대 종교로 돌아갔으며, 약간은 주술과 마술로 빗나갔다. 그에게서는 후기 낭만주의자와 마찬가지로 미학주의와 신비주의가 결합되어 있다. 베르댜예프가 올바르게 지적했듯이 "그리스도를 믿지 않고 소피아를 믿은 사람들은 현실을 구별할 줄 모른다". 러시아 신학에는 이전의 도덕주의를 대신해서 미학적 유혹이 다가오고 있었다. 플로렌스키의 책은 그러한 유혹의 가장 명료한 징후들 가운데 하나였다.

IX. 단절과 연결

1. 러시아 문화의 역사는 온통 반복적인 중단, 발작, 부인 또는 몰두, 환멸, 배반, 단절로 점철되어 있다. 무엇보다도 거기에는 직접적인 통일성이 결여되어 있다. 이러한 영혼의 복잡성은 연약함, 너무 지나친 감수성에서 비롯된다. 지나치게 고양된 민감성과 동정심은 창조적인 정신의 집중을 매우 방해한다. 영혼은 역사적인 인상들과 경험들의 빠른 변화 속에서 자신을 상실한다. 영혼은 미처 자신에게 돌아오지 못하고, 너무나 많은 것들이 그것의 주의를 분산시키며 다른 존재 속에 잡아 둔다. 영혼 속에는 무언가 유목적인 습관, 폐허와 천막들을 전전하며 살아가는 습관이 형성된다.

러시아의 영혼에는 심지어 십자로와 교차점들에 이끌리는 특별한 성향이 있다. 거기에는 선택의 의지가 결여되어 있다. 책임지려는 의지가 없다. 러시아의 영혼에는 무엇인가 귀족적인 것이 있다. 너무나 많은 유희가 있다. 러시아 사상사에는 민족정신의 무책임성이 매우 예리하게 드러난다. 바로 거기에 러시아 문화의 비극이 있다. 이것은 고대 그리스가 아니라 기독교의 비극이다. 그것은 맹목적인 숙명, 또는 원초적인 어둠의 비극이 아닌 의지적인 죄의 비극, 눈먼 자유의 비극이다. 그것은 정신의 노예화와 사로잡힘의 비극이다. 이러한 정열의 회오리바람에서 빠져나오는 것은 오로지 깨어 있는 회개와 영혼의 집중, 그리고 침착함을 통해서만 가능하다. 출구는 문화 또는 사회성이 아니라 금욕, 회귀하는 정신의 '내적인 광야'를 통해서만 나 있다.

2. 러시아 신학의 역사에서는 창조적인 혼란이 느껴진다. 무엇보다 병적인 것은 바로 신학과 경건, 신학적인 학문성과 기도 가운데 이루어지는 신에 대한 생각, 신학교와 종교적인 삶 사이의 이상한 단절이다. 이것은 교회 내부의 '인텔리겐치아'와 '민중' 사이의 단절이자 분열이었다. 이러한 단절(또는 소외)은 양자 모두에게 해롭고 위험한 것이다. 신학은 서구로부터 러시아로 유입되었다. 너무나 오랫동안 신학은 러시아에서 타국의 것으로 남아 있었고, 자신만의 낯선 언어로 말하기를 고집하기까지 했다. 신학은 교회의 유기적인 조직(組織)에 비정교회적인 첨가물로 남아 있었다. 신학은 러시아에서 인위적이고 너무나 낯선 환경 속에서 발전했으며, 학교의 학문으로 남아 있었다. 교육의 대상으로 변해 버린 신학은 진리의 탐색 또는 신앙의 고백이기를 멈추었다. 신학 사상은 교회의 심장의

고동 소리에 귀를 기울이는 법을 잊어버렸다. 그리하여 그 심장에 다가서지를 못했다. 신학은 교회와 민중의 더 폭넓은 테두리에서 관심과 공감을 이끌어 내지 못했다. 그리하여 많은 신자들에게서 아예 신학을 배제해 버리는 위험한 습관이 형성되었다. 그들은 그것을 규범서, 예배 규칙, 옛 전승들, 일상의 의식(儀式)들, 또는 영혼의 서정시로 대체했다. 어떤 어두운 지식으로부터의 이탈, 일종의 신학적 실어증, 예기치 못했던 비(非)도그마주의, 심지어 불가지론이 생겨났다. 이러한 것들은 영적인 건강을 위협하는 것이었다. 가장 영적인 행위, 암자에서의 기도, 예배 의식에는 항상 심리주의, 즉 혼적인 것을 영적인 것으로 받아들이는 유혹과 위험이 도사리고 있었다. 그런 유혹으로부터 지킬 수 있는 것은 오직 신학적인 훈련, 명민함, 정확성, 그리고 신학적인 이성에 대한 겸손이다. 신학적인 점검을 받지 않은 러시아 영혼은 이상하게도 유혹에 견고하지 못하고 무방비 상태다.

페테르부르크 시대부터 '경건'은 사회적 하층으로 물러난 듯했다. '인텔리겐치아'와 '민중' 사이의 단절은 바로 신앙의 영역에서 일어났다. 상층부는 매우 빨리 불신앙과 자유사상에 전염되었다. 정교회는 오직 '평범한 민중', 상인들, 소시민, 농민들의 신앙이 되었다. 많은 이들에게 다시 교회로 들어가는 것은 오직 민중과의 합치, 대지로의 회귀를 통해서만 가능한 것으로 여겨졌다. 이미 슬라브주의자들이 이 점에 책임이 있다. 슬라브주의자들의 해석에 의하면, 민중의 삶 자체가 일종의 자연적인 소보르노스티이며, 농민 공동체 또는 '미르'[109]야말로 교회의 배아였기 때문이다. 따라서 바로 민중을 통해서만 교회로 돌아갈 수 있었던 것이다. 그러나 민중, 원초적인 통일성과 단순함이 아니라 엄격한 금욕주의적 훈련으로 돌아가는 것이야말로 진정한 교회화의 길이다. 그것은 종(種)적인 원시 상태로 돌아가는 것이 아니라 역사로 나아가서 전 세계적이고 보편적인 전승을 자기 것으로 만드는 것이다. 교회의 경험의 깊은 비밀스러운 곳에는 신앙이 나뉘지 않은 채로 보존되어 있다. 신비스러운 신에 대한 묵상, 기도의 규칙, 영적 수행 속에서 러시아 영혼은 고대의 엄격한 교부

109) 미르(мир) : 러시아의 농민 공동체. 미르 내에서 농민 보유지는 관습을 좇아 일정 기간씩 재분할해 경작해 왔으므로, 납세에 대해서 농민은 연대 책임을 졌다. 1861년 알렉산드르 2세의 농노 해방 때 토지 공유(共有)의 새로운 주체로서 미르가 채용되었다. 그러나 그 법제적 근거가 1906년 스톨리핀의 농지 개혁법으로 상실되어, 토지의 사유제가 진전되고, 다른 면에서는 몰락 농민이 된 임금 노동자 계급이 사회적으로 성장하기 시작했다. 일찍이 인민주의자들은 미르에 의거해 사회 혁명을 달성하려고 했으나 실패했다.

적인 스타일을 유지하고 있으며, 훼손되지 않고 분리되지 않은 충만한 소보르노스티를 향유한다. 그러나 사상은 너무나 자주 그 깊은 곳으로부터 빠져나와 먼저 자기 자신에게로, 숙명적인 자신의 뿌리 없음의 의식으로 돌아간다. 이것을 극복하는 것은 오로지 창조적인 신학 사상이 교회의 깊은 근원으로 돌아가 내부로부터 빛을 비출 때 가능하다. 이성이 가슴속에 놓이고, 가슴이 이성적인 관조 속에서 통찰을 회복하게 될 때다. 그때 진리가 이성 속에 들어가게 될 것이다.

3. 16세기 러시아 비잔틴주의의 위기는 동시에 러시아 사상의 교부 전통으로부터의 이탈이었다. 신학에서 교부적인 스타일과 방법이 상실되었다. 교부 저작은 죽은 역사적 문서로 변해 버렸다. 교부의 스타일을 회복하는 것, 이것이 러시아 신학을 부흥시키는 첫째로 중요한 강령이다. 이 말은 어떤 '복원'이나 단순한 반복, 과거로 돌아가는 것을 의미하는 것이 아니다. 중요한 것은 문자가 아닌 교부 정신에 충실한 것, 고대의 텍스트를 수집하는 것이 아니라 그 불꽃으로부터 영감을 받아 타오르는 것이다.

신학적인 의식(意識)은 역사적인 것이 되어야 한다. 그럴 때만 그것은 보편적인 것이 된다. 역사에 대한 무감각은 항상 종파주의적인 건조함 또는 학교의 교조주의로 귀결된다. 역사적 민감성은 신학자에게 반드시 요구되는 것이다. 그것은 교회성의 필수 불가결한 조건이다. 종교개혁에서 교회성으로부터의 이탈이 역사에 대한 신비주의적인 실명(失明)과 연관된 것은 전혀 우연이 아니다. 교회는 교리의 사건을 역사의 사건으로 인식하고 긍정한다. 성육신은 신앙의 강령일 뿐 아니라 역사적 사실이다. 교회 안에서 역사는 신학자에게 실제적인 전망이 되어야 한다. 교회 안에서 신학을 한다는 것은 역사적 요소 속에서 신학을 한다는 것을 의미한다. 교회성이란 전승이기 때문이다. 신학자는 교회의 역사를 '성육신의 과정', 시간으로부터 은혜의 영원성으로 들어가는 것, 그리스도의 몸의 형성과 창조로서 경험해야 한다. 오직 역사 속에서만 교회성의 진정한 리듬을 감지할 수 있고, 이 신비로운 몸의 성장을 인식할 수 있다. 오직 역사 속에서만 교회의 신비한 실재를 확신할 수 있고 기독교를 추상적인 교리나 도덕으로 만들려는 유혹으로부터 벗어날 수 있다. 기독교는 온통 역사 속에 존재하고 온통 역사에 대한 것이다. 그것은 역사 속에서의 계시뿐 아니라 역사로, 역사적인 행위와 창조로의 부름이다. 러시아 사상의 역사적인 민감성, 그것이 통과한 역사적인 사유와 경험의 훈련은 기대되는 신학적 갱신의 최고의 보증이다. 그러나 러시아 신학이 그 창조적인 발전에서 이미 충분히 교부 신학과 비잔틴주의를 경험했다고 말해서는 안 된다. 그것은 아직 과제로 남아 있다. 러시아의 신학 사상은 아직 기독교 헬레니즘이라는 엄격한 학교를 통과해야만 한다. 이것이 의미하는 바는 '기독교 고전주의', 즉 교리와 예배 의식, 이콘의 헬레니즘이다. 기독교화된, 변형된 헬레니즘은 철저히 역사적이다. 교부 신학은 항상 '사실들의 신학'으로서 우리를 사건들, 거룩한 역사의 사건들로 돌아가게 한다. 교부 신학, 소보르노스티, 역사주의, 헬레니즘, 이 모든 것들이 하나의, 분리되지 않는 과제와 연결된 측면들이다.

4. 러시아 신학은 근대의 서구 종교 사상의 주요한 단계들을 모두 모방해 왔다. 트리엔트 신학,[110] 바로크, 프로테스탄트 스콜라주의, 경건주의, 프리메이슨, 독일 이상주의, 낭만주의, 사회주의적인 기독교, 헤겔 철학의 해체, 새로운 비판적 역사주의, 튀빙겐 학파,[111] 신낭만주의

---

110) 트리엔트 신학 : 1545~1563년에 교회의 분열을 수습할 목적으로 소집된 트리엔트 공의회의 결과물. 프로테스탄트들이 불참해 분열이 심화되는 결과를 낳았다.

111) 튀빙겐 학파 : 헤겔 좌파 중에서 특히 튀빙겐 대학을 중심으로 성서 비판에 헤겔의 변증법적 방법론을 적용했던 일군의 신학자들. 다피트 슈트라우스, F. C. 바우어와 같은 신학자들은 신약성서를 비판적으

와 상징주의, 이 모든 것들이 러시아의 문화적 경험 속으로 들어왔다. 그러나 의존과 모방은 아직 서구와의 실제적인 만남이 아니었다. 진정한 만남은 자유와 사랑의 동등성 속에서만 가능하다. 준비된 서구의 대답들을 반복하는 것만이 아니라 서구의 문제들을 인식하고 함께 체험하는 것이 필요하다. 정교회 신학이 서구의 영향으로부터 독립하는 것은 오직 영적으로 교부의 원천과 기초로 돌아감으로써 가능하다. 교부들에게 돌아가는 것은 현대와 역사로부터 빠져나와 전장에서 후퇴하는 것을 의미하는 것은 아니다. 그리고 비정교회적인 서구로부터 독립하는 것은 그것과 소원해지는 것으로 변해서도 안 된다. 서구와의 결별이 실질적인 해방을 가져다주는 것은 아니다. 필요한 것은 서구의 유혹과 타락의 모든 경험을 창조적으로 숙고해 보고 변형시키는 것이다. 그런 공감적인 공(共)체험만이 붕괴된 기독교 세계를 회복시키고 상실된 형제 관계를 되돌릴 수 있는 길이다. 따라서 서구의 결정들과 죄를 거부하고 뒤엎는 것이 아니라 새로운 창조 행위 속에서 그것들을 극복하는 것이 필요하다. 정교회 신학은 자신의 보편적이고 단절되지 않는 깊은 경험으로부터 비정교회

로 연구해 기독교 역사를 사실에 기초해 재구성하고자 했다.

적인 물음들에 답하도록 부름 받았다. 그리하여 폭로로써가 아니라 정교회의 진리를 증언함으로써 서구의 비정교회에 맞서야 한다. 이 세계에 정교회 신학자는 교회의 내적 기억으로부터 자신의 증언을 해야 한다. 그런 교회의 내적 기억만이 텍스트들의 무언의 증언에 완전한 활기를 불어넣어 줄 것이다.

5. 혁명에서 러시아의 영혼에 대한 잔인하고 끔찍한 진실이 드러났다. 러시아의 영혼은 중독되었고 불안해졌으며 찢겨졌다. 악한 의심과 기만에 사로잡히고 매혹되고 불안해진 이 영혼을 치유하고 강하게 하는 것은 오직 그리스도 이성의 빛, 진실과 진리의 말씀, 영과 능력의 말씀뿐이다. 신학이 개인적인 일이기를 그치는 시대가 도래했다. 작금의 악한 심판의 날[112]에 신학은 다시금 '공공의 일', 보편적인 소명이 되었다. 증언을 할 때 신학적인 침묵 또는 혼란, 지리멸렬, 불명료는 배반과 적으로부터의 도주와 같은 것이다. 다시금 신학의 시대가 열렸다. 우리의 시대는 다시금 신학으로 부름을 받고 있다. 많은 사람들에게 지금 신학을 한다는 것은 배신이요, 도망으로 여겨질 것이다. 이러한 반대 또는 오해에는 숙명적인 근시안이

---

112) 작금의 악한 심판의 날 : 혁명 이후 혼란의 시기를 의미한다.

있을 뿐이다. 물론 지금은 사회적인 문제로부터 벗어날 때가 아니다. 그러나 '사회적인 문제'라는 것은 무엇보다도 영적인 문제, 양심과 지혜의 문제가 아니겠는가? 러시아 혁명은 영적인 재난, 영혼의 붕괴, 정열의 반란이 아닐까? 무엇보다 먼저 영적인 어원학[113]으로부터 그것을 설명해야 하지 않을까? 미래 러시아의 비밀은 그 사회적 · 기술적 구조가 아니라 거기에서 신 없이, 신앙 없이, 사랑 없이 키워 내고 창조하려는 새로운 인간에 있지 않을까? 우리가 이미 이 종말의 싸움에 끼어들게 되었기 때문에 우리는 신학을 하도록 부름 받은 것이다. 전염성이 강한 전투적인 무신론적 견해에는 특별하고 긴장된 관심을 기울여 그리스도의 진리에 대한 확고하고 책임성 있는 고백으로 맞서야 한다. 그리스도와 기독교에 대한 '중립적인' 학문은 있을 수 없다. 무관심 또는 자제는 이미 중립적인 것이 아니다. 다시 반복하건대, 신학은 판단하는 것뿐 아니라 치유하도록 부름 받았다. 이 흔들리는 세상에 가슴에는 십자가의 표지를 가지고 정신 속에서 행해지는 예수 기도[114]로 들어가야 한다. 신학적인 시스템은 학문의 열매

113) 영적인 어원학 : 영적인 차원을 의미한다.

114) 예수 기도 : 동방 수도원에서 실행되던 기도의 형태로, 예수의 이

이거나 철학적 사변으로 생겨나는 것만은 아니다. 기도의 체험과 영적 집중력, 목자적인 관심이 필요하다.

6. 미래는 추구하고 기대하는 것만이 아니라 창조되는 것이기도 하다. 기도를 통한 교회화, 종말론적인 충성, 교부들로의 회귀, 서구와의 자유로운 만남, 이러한 것들로부터 현대적인 상황에서의 러시아 신학의 창조적 강령이 형성된다. 역사적인 노정은 아직 다하지 않았고 교회의 역사는 아직 끝나지 않았다. 러시아의 길도 아직 종료되지 않았다. 비록 험난하지만 길은 열려 있다. 정교회는 전승일 뿐 아니라 과제이기도 하다. 그것은 주어진 것이기도 하지만, 또한 부여된 것이기도 하다. 그것은 살아 있는 누룩이자 자라나는 씨앗으로 우리의 의무이자 소명인 것이다. 진정한 역사적인 종합은 과거의 해석보다는 미래의 창조적인 실행에 있다.

름을 짧게 반복적으로 부름으로써 깊은 관조의 상태로 들어가는 기도를 의미한다.

해설

게오르기 플로롭스키의 《러시아 신학의 여정》은 가장 영향력 있는 20세기 러시아정교회의 지성이라는 그의 명성을 공고히 해 준 역작이다. 이 책은 엄청난 박식함과 종교적 · 역사적 세계관의 표현으로서 그의 가장 중요한 작품으로 인정받고 있다. 제2차 세계대전 직전에 파리에서 쓰인 이 책은 초기 기독교부터 20세기 초반까지 정교회 전승의 전(全) 역사에 대한 작업의 완결판이었다. 독창적인 접근법과 내용의 새로움, 정보의 양에서 해당 주제를 다룬 플로롭스키의 이전 책들은 《러시아 신학의 여정》만 한 깊이와 힘을 지니지 못한다. 플로롭스키는 고대의 교부들로부터 판단의 규범과 기준을 받아들여 러시아정교회 역사의 살아 있는 현실, 그 자신이 속해 있는 문화에 적용시켰다.

이 책을 썼을 때 플로롭스키에게 영감을 주었던 심리적인 동기는 블라디미르 솔로비요프(В. Соловьёв), 세르게이 불가코프(С. Булгаков), 파벨 플로렌스키(П. Флоренский) 등 그의 이전 시기와 당대 종교철학자들 저작의 공통 주제인 '소피아[115]론'에 대한 거부였다. 플로롭스키는 러시아의 소피아론을 독일 이상주의 철학의 변종, 일종의 그노시스주의[116], 기독교 교리를 표현하기 위해 철학을 잘못 사용한 예로 간주했다. 그가 교부들을 연구하기 시작한 것은 '소피아론자들'이 자신들의 사상을 전통적인 것으로, 철학의 사용을 교부들의 예를 따르는 것으로 제시하고자 했기 때문이었다. 그에게 교부들을 연구하는 가장 중요한 의미는 세속적인 철학과 신학의 연관성에 대한 올바른 열쇠를 찾는 데 있었다. 그에 따르면, 소피아론자들은 그 열쇠를 잘못 정의했으며, 그것은 오직 그리스 교부들의 모범, 즉 기독교 헬레니즘에서만 발견할 수 있다.

《러시아 신학의 여정》은 기념비적인 작품으로서 러시아 정신 문화사의 중요한 안내서다. 저자는 순수하게 신학적인 작품들에 제한받지 않고 정교회와 관련된 모든 문

---

115) 소피아(София) : 신의 지혜라는 의미의 그리스어로서 복잡한 종교철학적 개념이다. 창조주와 창조된 세계를 매개해 주는 신적 원리로 여러 종교철학자들에 의해 다양하게 정의되고 설명된다.

116) 그노시스주의 : 영지(靈知)주의라고도 불리는 고대의 이원론적 종교운동. 영과 육을 분리해 영은 선한 것, 육은 악한 것이라는 이원론적 사고를 바탕으로 한다. 구약의 신을 비인격적이고 관념적인 것으로 바꿔 율법을 배척하고 방탕한 생활을 하며 그리스도의 역사성을 부정했다.

헌들을 다룬다. 이 책은 고대 루시가 비잔틴으로부터 기독교의 유산을 받아들인 시기부터 혁명 이후 러시아 정신이 새로운 길을 모색하고 있던 1930년대까지를 일관된 시선으로 조망한다. 러시아 신학의 역사는 크게 여덟 시기로 구분된다. 그 첫째는 10~16세기로 루시의 세례와 타타르의 침입, 수도원의 부흥, 이오시프주의자들과 자볼츠이들 간의 논쟁이 그 시대의 획을 긋는 커다란 사건들로 기록된다. 러시아가 비잔틴의 유산을 받아들여 주변 문화와 관계를 갖기 시작한 이 시기는 플로롭스키가 러시아 역사의 비극으로 인식한 비잔틴과의 단절로 마무리된다. 둘째 시기는 17세기로서 동란과 교회 대분열의 시대였다. 플로롭스키는 그 시기를 러시아 역사에서 가장 혼란스럽고 모순된 시기로 묘사한다. 이 시기에 그가 러시아의 고질적인 영적 질병으로 진단한 종말론적인 예감과 분위기가 시작됐다. 셋째는 18세기로 표트르에 의한 대개혁의 시기다. 플로롭스키는 표트르 개혁의 본질을 서구화가 아닌 세속화로 규정하며 국가의 교회 통제와 종속화의 과정을 면밀하게 추적한다. 그러한 의도적인 정책의 결과 고사(枯死) 위기에 처하게 된 러시아정교회는 역설적이게도 수도원 운동의 발흥으로 영적 생명력을 얻게 된다. 넷째 시기는 러시아의 서구주의가 절정에 달했던 19세기 전반의 알렉산드르 시대다. 플로롭스키가 주목하는 이 시대의 가장 중요한 사건은 러시아 성서협회의 성서 번역이었다. 그는 또한 설교와 신학 교육을 통해 당시 러시아정교회에서 탁월한 영적 지도력을 행사했던 필라레트의 인격과 활동에 많은 장을 할애하고 있다. 이 시기의 중요한 결실들로서 그는 성서 신학의 확립, 신학과 철학의 결합, 역사의식의 각성을 든다. 다섯째 시기는 19세기의 중반에서 후반에 이르는 철학 사상의 개화기다. 플로롭스키는 다양한 서클들의 발흥과 서구주의와 슬라브주의의 대립에서 시작해 키레옙스키, 고골, 호먀코프, 도스토옙스키, 레온티예프, 솔로비요프, 표도로프에 이르는 정교회와 연관을 맺고 있는 작가와 사상가들의 생애와 사상을 일별하고 있다. 그는 '교회화'라는 일관된 규준을 가지고 이 역사적 인물들의 삶과 사상을 독창적으로 평가하고 있다. 여섯째는 대개혁 이후 19세기 후반의 혼란스럽고 불안한 시대다. 저자는 개인의 삶을 통해 시대의 첨예한 문제를 드러낸 인물로 톨스토이와 포베도노스체프를 주목한다. 이 시기는 특히 서구의 영향을 받은 프로테스탄티즘의 색채를 띤 다양한 종파들의 탄생과 도덕주의 경향으로 러시아 신학이 위기를 맞이한 긴장의 시대이기도 했다. 일곱째 시기는 영적인 삶에 대한 종교적 관심이 급증한 세기말이다. 저자는 페테르부르크 종교철학협회의 활동과 상징주의에 속한 다양한 시인들, 그리고 종교철학자들의 사상을 정교회와 연관해 비판적인 시각으로 조망한다. 그는 이 시기를 솔로비요프와 독일 이상주의가 지배한 시대로 파악하면서 심리주의와 미학주의의 위험성을 간파했다. 마지막 여덟째는 혁명 이후 시기인데, 이 부분에서 플로롭스키는 역사적 대격변을 겪은 후 앞으로 러시아 신학이 나아가야 할 방향과 남겨진 과제에 대해 성찰하며 러시아 신학의 부흥을 촉구한다.

일별해 본 바와 같이 플로롭스키는 각 시대의 사건들과 인물들을 단지 나열하는 것이 아니라 일관된 기준으로 평가하고 재검토한다. 그는 모든 시대를 교부, 비잔틴 전통의 계승과 러시아 정신문화의 창조라는 관점을 가지고 비판적으로 바라본다. 이 책에서 다루고 있는 19세기의 많은 작가들 중에서 플로롭스키에 의해 긍정적인 평가를 받은 인물은 호먀코프와 특히 대주교 필라레트 등 소수에 불과하다. 개별적인 작가들의 이성과 재능, 능력을 부정하지 않고 각 시대의 명료한 그림을 그려 내면서, 플로롭스키는 모든 이들에게 자신이 유일하게 정교회적인 것으로 인정하는 교부적 또는 비잔틴적 규범을 적용하고 있다. 이 책에서 그는 일련의 긍정적 카테고리들과 부정적

카테고리들을 지속적으로 대비시킨다. 전자는 교부 전통, 금욕주의, 전승, 교회성, 소보르노스티[117] 등 진정한 정교성을 규정하고 설명하기 위해 그가 택하고 있는 카테고리들이다. 후자는 경건주의, 심리주의, 도덕주의, 소피아론, 신플라톤주의 등 정교회와 혼합되어 그 순수성을 흐리고 있는, 서구의 이질적인 요소들로서 저자에 의해 지속적으로 경계 대상이 되는 카테고리들이다. 《러시아 신학의 여정》 신판(新版)의 서문을 쓴 메이엔도르프(И. Мейендорф)는 모든 면에서 플로롭스키에게 동의할 수는 없다고 말한다. 때로 그가 교부 전통을 지나치게 협소하게 이해하고 있는 듯 보인다는 것이다. 그런데도 그에게 논박할 수 없는 엄청난 공적이 있는데, 그것은 작품의 통일성과 비판적인 접근에 있다고 메이엔도르프는 평가한다. 그는 이 책이 앞으로도 오랫동안 러시아정교회사와 러시아 신학의 역사, 러시아 정신문화 연구에 중요한 지침서가 될 것이라고 주장한다. 그도 그럴 것이 교회의 역사성과 문화 창조의 사명을 끊임없이 상기시키며 강하게 촉구하고 있

---

117) 소보르노스티(соборность) : 19세기 러시아 슬라브주의 철학자 호먀코프의 용어로서, 개인주의에 반대되는 개념이다. 사랑 안에서 자유롭게 결합된 개인들의 단일한 공동체로서의 교회의 정체성을 의미한다.

는 본서는 국가와 교회의 관계, 이 세상에서의 교회의 정체성과 존재 의미에 대한 물음에, 다른 곳에서는 얻기 힘든 귀중한 빛을 던져 주고 있다. 이 책의 의의는 러시아정교회와 신학, 정신의 역사에 대한 깊은 혜안과 폭넓은 이해를 제공해 주는 것으로 그치지 않는다. 이 책이 인류의 보편적인 문화 창조의 사명에 대한 성찰에 빼놓을 수 없는 값진 문화 자산으로 자리매김했다고 말하는 것은 결코 지나치지 않을 것이다.

이 책은 1983년 파리 YMCA 출판사에서 간행한《러시아 신학의 여정》제3판을 원전으로 사용했다. 초판은 1937년에 역시 파리에서 간행되었다. 한국어로는 처음 번역되는 작품으로 시대의 분위기와 특징을 전달하는 데 중점을 두어 번역하느라 구체적이고 세부적인 내용들은 어쩔 수 없이 번역에서 제외했다. 원전은 총 9장으로 구성되어 있는데 제2장 '서구와의 만남'의 내용이 다소 지엽적이라 판단해 번역하지 않았다. 다른 장은 원전의 분량과 비례해 균형을 이루도록 하고, 전체 원전 중 약 6분의 1을 발췌 번역했다. 지은이는 각 장에 작은 번호들을 기입했는데, 이 책은 번역에서 제외된 부분들이 있으므로 본문의 번호와 원전의 번호는 일치하지 않는다. 원전에서는 각 장의 작은 번호가 한 문단으로 되어 있으나 이 책에서는 내용의 이해를 돕기 위해 임의로 문단을 구분했다. 원전에는 말줄임표가 매우 자주 등장하나 발췌 형태로 내용을 소개하는 본서에서는 불필요하다고 여겨 삭제했다. 주는 모두 옮긴이가 단 것으로 별도의 표시를 하지 않았다.

옮긴이가《러시아 신학의 여정》을 처음 접한 것은 러시아 유학 초기였다. 당시 정교회에 대한 지식이 거의 없었던 옮긴이에게 지도 교수님은 몇 권의 책을 소개했는데 그중의 한 권이 바로 이 책이었다. 너무나 생소한 내용들로 가득해 이해할 수 없는 부분들이 많았어도 이 책에 흐르고 있는 지은이의 힘과 열정에 감전이라도 된 듯 흥분되어 이 책을 읽었던 기억이 지금도 새롭다. 이 책은 잡힐 듯 잡힐 듯 해도 영 잡히지 않는 러시아 정신의 실체에 한층 가까이 다가서게 해 주었다. 백과사전과도 같은 지은이의 방대한 지식과 시대와 인물, 사상을 자유자재로 논하는 유려하면서도 본질을 꿰뚫는 글쓰기 방식은 옮긴이를 압도하기에 충분했다. 그러면서도 그가 다루는 시대와 그 시대를 살아간 인물들의 삶 속으로 독자를 끌어들이는 흡인력 있는 글은 독서의 즐거움을 배가시켜 주었다. 늘 이 책의 번역이 필요하다고 생각하고 있었는데 우선 편역의 형태로나마 국내 독자들에게 소개하게 되어 기쁘다. 다만 편역이 서툴러 자연스러운 글의 흐름을 끊어서 이 책의 진가를 제대로 전달하지 못했을까 걱정된다. 분량의 한계 때문에 시대의 정신적 분위기, 역사적 흐름을 감지할 수 있도록 하는 데 중점을 두었는데, 그 역시 어느 정도 성공을 거두었을지 조심스럽다. 이런 부족한 점들에 대한 염려에도 이 책을 통해 러시아가 걸어온 영적·정신적 여정을 독자들이 간접적으로 조금이나마 체험할 수 있는 기회를 얻게 되기를 바라는 마음을 품어 본다.

지은이에 대해

20세기 러시아의 가장 권위 있고 뛰어난 정교회 신학자 중 한 사람인 게오르기 바실리예비치 플로롭스키(Георгий Васильевич Флоровский, 1893~1979)의 아버지는 오데사의 정교회 사제이자 신학교 교장이었다. 플로롭스키는 오데사의 노보로시스크 대학 역사학부를 졸업한 후, 1920년에 대학의 비상근 강사로 위촉되었다. 그러나 바로 그해 프라하로 망명하게 되고, 그곳에서 게르첸에 대한 논문으로 석사 학위를 취득한다.

신학 분야에서 플로롭스키는 뛰어난 독학자였다. 전문적인 신학 교육을 받지 못했는데도, 그는 교부들에 대한 연구에 매진해 교부학자로서 명성을 얻었다. 점차적으로 형성된 그의 세계관은 당시 해외로 망명한 대다수의 종교적 인텔리겐치아들과는 달리 세속 철학이 아닌 신학 전통에 기반을 둔 것이었다. 그는 잠시 '유라시아주의'와 관련을 맺기도 했는데, 그 이유는 서구와 서유럽 철학에 대한 유라시아주의의 조심스러운 부정적 태도가 그의 관심을 끌었기 때문이었다. 이 시기에 쓰인 대표 작품으로는《인간의 지혜와 신의 지혜(Человечечкая и Божественная мудрость)》(1922)가 있다.

1926년에 그는 막 생겨난 파리 신학교의 교부학 교수로 초빙된다. 당시 파리 신학교에는 플로롭스키 외에도 세르게이 불가코프, 바실리 젠콥스키(В. Зеньковский) 등 '교회로 돌아온' 인텔리겐치아의 명망 있는 대표자들이 교수진에 합류했다. 플로롭스키는 정교회 신학의 부흥을 추구하고 에큐메니즘[118]의 성격을 띤 비정교권 인사들과 교류할 때는 동료들과 공고히 협력했다. 그러나 당시 지배

---

118) 에큐메니즘 : 범세계적인 기독교의 일치와 협력을 지향하는 운동이나 경향. 최근에 생겨난 이 용어는 기독교회들의 보편성을 강조한다. '오이쿠메네(oikoumene : 사람이 살고 있는 세계)'와 '오이코스(oikos : 집)'에서 유래한 것으로, 그 기원은 예수의 명령 · 약속 · 기도에서 찾을 수 있다. 1910년 에든버러에서 국제선교대회가 열린 뒤 개신교도들이 선교, 복음 전도, 봉사, 연합 세력 등의 모임을 표현하는 데 쓰기 시작했다. 제2차 바티칸 공의회(1962~1965) 진행 기간과 폐회 이후 로마 가톨릭교도들은 교회 전반의 삶을 쇄신해 '갈라져 나간 교회들'에 대해서 더욱 책임을 지고 세계의 요구를 충족시키는 일을 가리키는 데 이 용어를 사용했다. 에큐메니즘 운동은 다양성 속의 일치를 추구한 초대 교회의 사도 의식을 회복하려 하며, 현대 다원주의 세계의 좌절 · 곤경 · 모순들과 대결한다. 이 운동은 하나이며 거룩하고 보편적인 예수 그리스도의 사도적인 교회의 역사적 근거와 지향점에 대한 생생한 재평가다.

적이었던 블라디미르 솔로비요프의 '소피아론'과 연관된 종교적 · 철학적 운동에는 줄곧 반대하는 입장을 견지했다. 1932년에 서유럽을 총괄하는 대주교의 성직을 받게 되어 사제의 길로 들어서게 된다. 파리에서 활동한 시기는 플로롭스키의 생애에서 결실이 가장 풍부했다. 파리에 있는 동안 교부들에 대한 두 권의 저서[《4세기 동방의 교부들(Восточные Отцы Четвертого Века)》과 《5세기부터 8세기까지의 비잔틴의 교부들(Визатийские Отцы от V до VIII столетия)》]과 《러시아 신학의 여정》(1937)을 출판했다. 그 외의 저서들로는 《십자가에서의 죽음(Смерть на кресте)》(1930), 《기독교적 연합의 문제들(Проблемы христианского объединения)》(1933) 등이 있다.

《러시아 신학의 여정》을 끝내고 난 뒤 1939년 여름 플로롭스키는 세르비아의 수도 베오그라드를 방문했는데, 그곳에서 제2차 세계대전의 발발을 목격했다. 전쟁 기간 동안 유고슬라비아에 머물렀던 그는 후에 프라하를 거쳐 결국 파리로 돌아온다. 이미 교부학 강좌를 다른 교수가 맡고 있었기 때문에 그는 윤리 신학을 가르쳤다. 그러던 중 1948년에 미국의 대주교 페오필(Феофил)의 초청으로 뉴욕으로 이주해 성 블라디미르 신학교의 교수가 되었으며, 후에는 학장직을 맡았다. 1948~1955년 학장으로 있는 동안 열성적으로 신학교의 개혁에 착수했으며 그 결과는 성공적이었다. 동시에 권위를 인정받은 정교회 신학자로서 유니온 신학교, 콜롬비아 대학 등지에서 강의를 하고 논문을 저술하는 등 미국의 대학에서 적극적으로 활동했다. 더 이상 방대한 연구서를 집필하지는 못했다. 에큐메니즘에서 그는 정교회 측의 목소리를 대변하는 거의 유일한 인물로 인정받았다. 그런 까닭에 새롭게 조직된 세계교회협의회의 주요한 창립 멤버 중 한 사람이 되었다. 플로롭스키는 교회와 에큐메니즘 분야에서만 권위를 인정받은 것이 아니었다. 《러시아 신학의 여정》을 접한 슬라브 학자들과 역사가들은 그의 역사적인 공적과 보기 드문 박식함을 인정했다. 1956년부터 1964년까지 플로롭스키는 하버드 대학교에서 교수를 지냈으며, 브루클린에 있는 성 십자가 그리스정교회 신학교에서도 강의했다. 그는 은퇴 후에도 프린스턴 대학에서 방문 교수로서 강의를 계속했다. 학자와 교수로서 활동했던 동안 수많은 예배를 집전하고 설교를 하는 등 정교회의 충실한 사제요 영적 안내자로서의 활동도 게을리하지 않았다. 게오르기 플로롭스키는 1979년 8월 11일 프린스턴에서 생을 마감했다. 장례식은 그가 자주 사제로서 섬겼던 트렌턴의 성 블라디미르 가톨릭교회에서 많은 동료들과 제자들이 지켜보는 가운데 치러졌다.

현대 러시아 사상가 니콜라이 로스키(Н. Лосский)에 따르면, 모든 러시아 신학자들 가운데 플로롭스키는 정교회의 가르침에 가장 충실했다. 그는 항상 성서와 교부 전통을 정확히 따르려고 노력했다. 그는 자신의 모든 중요한 신학적 입장들을 동방정교회 교부들에게 기대면서 자신의 목적이 '신(新)교부적 종합'을 창조하는 것이라고 말했다. 그는 초대 교회의 잊힌 사상을 분석하면서 종교개혁과 반종교개혁의 논쟁으로 서구에서 오랫동안 늪에 빠져 있던 신학 토론을 새로운 수준으로 올려놓았다. 그는 신약성서가 쓰이기 전, 그리고 궁극적으로 신약성서의 정전을 결정한 교부들의 교회, 그 살아 있는 교회로 돌아가야 한다고 주장했다.

역사가로서 플로롭스키는 과거를 맹목적으로 신봉하는 태도를 항상 경계했다. 그의 주된 관심사는 과거의 숭배가 아니라 현재의 문제들이었다. 그는 기독교 세계관의 역사적 성격을 늘 강조했다. 기독교적 관점에 따르면, 시간이란 순환적인 원(圓)이 아닌 시작과 끝, 그리고 목적을 가진 선(線)이다. 역사적 과정은 일회적인 것으로서 인간의 운명을 결정하는 창조 행위들로서 구성된다. 교회의 연합에 관해 플로롭스키는 직접적인 연합보다는 실제적인 공동 작업이 더 중요하다고 주장했다. 그런 점에서 그는 신학적 연구에서의 협력과 지식의 교환이 실질적인 일치를 가져올 수 있을 것이라 기대했다. 학자와 성직자로서 그가 보여 준 일관된 헌신적 삶은 그러한 신념을 구체적 행동으로써 입증한 모범적인 실례였다.

플로롭스키는 현대의 교회사가들에게 큰 영향을 미쳤다. 예일 대학의 야로슬라프 펠리칸(Jaroslav Pelikan)은 자신의 책《기독교 전통 : 교리 발전의 역사(The Christian Tradition : A History of the Development of Doctrine)》에서, 플로롭스키의 두 권의 책《4세기 동방의 교부들》과《5세기부터 8세기까지 비잔틴의 교부들》이 삼위일체와 그리스도론 교리 해석의 기초가 되었다고 쓰고 있다. 한편, 하버드 대학의 신학부 교수 조지 윌리엄스(George H. Williams)는 다음과 같이 쓴 바 있다. "러시아정교회의 충실한 아들인 플로롭스키는 오늘날 가장 분명하고 예리하며 매력적인 정교회 신학과 학문적 세계 속 경건함의 대표자다. 그는 현대의 언어로 성서와 전승의 진리를 항상 재진술할 준비가 되어 있다는 의미에서 혁신적이고 창의적이다." 플로롭스키는 신학자이자 교회사가, 교부학자, 철학자, 그리고 슬라브주의자였다. 그가 이 모든 영역들을 탁월하게 다루었다는 데는 이견이 없다. 엄밀한 의미에서 신학자를 별로 배출해 내지 못한 러시아에서 교부 신학의 면면한 전통을 현대적으로 잇고 있는 게오르기 플로롭스키는 러시아 신학의 여정에서 오래도록 기억될 인물임에 틀림없다.

옮긴이에 대해

허선화는 고려대학교 대학원 노어노문학과에서 도스토옙스키를 전공으로 택해 도스토옙스키의 마지막 대작 《카라마조프의 형제들》과 성서의 상호 텍스트성에 관한 석사 논문을 썼다. 이후 러시아 상트페테르부르크로 유학, 러시아문학연구소(일명 푸시킨 연구소)에서 도스토옙스키 연구의 권위자인 V. E. 베틀롭스카야의 지도를 받아 도스토옙스키 미학의 문제들을 정교회 콘텍스트 속에서 연구한 박사 논문을 썼다. 귀국 후에는 고려대학교와 부산대학교에서 러시아 문학과 역사 등을 주로 강의해 왔다. 현재 한남대 탈메이지교양융합대학에서 러시아 문화와 예술을 강의하고 있다. 러시아의 기독교 문화에 관심을 가진 연구자들과 함께 '러시아기독문화 연구회'를 만들어 매달 독회에 참여하고 있으며, 공동으로 《바흐친과 기독교: 믿음의 감정》과 《정교 신학 개론》을 번역했다. 현재 정교 영성의 보고인 《도브로토류비예》(총 5권) 완역 작업을 차근차근 진행 중이다. 번역서로는 《교회는 하나다》, 《러시아 신학의 여정 1, 2》, 《교리신학연구》, 《카라마조프

형제들》,《구식의 지주들》이 있으며, 저서로는《러시아 문화와 예술》(공저)이 있다.

앞으로 그동안 해 온 도스토옙스키 연구의 결과를 대중화할 계획이며,《도브로토류비예》 완역을 남은 생의 사명으로 여겨 전력할 생각이다.

원서발췌 러시아 신학의 여정

지은이 게오르기 플로롭스키
옮긴이 허선화
펴낸이 박영률

초판 1쇄 펴낸날 2012년 7월 27일
개정1판 1쇄 펴낸날 2025년 9월 12일

지식을만드는지식
출판등록 제313-2007-000166호(2007년 8월 17일)
02880 서울시 성북구 성북로 5-11
전화 (02) 7474 001, 팩스 (02) 736 5047
commbooks@commbooks.com
commbooks.com

지식을만드는지식은
커뮤니케이션북스(주)의 고전 출판 브랜드입니다.

ISBN 979-11-430-1193-0 03230

책값은 뒤표지에 있습니다.